W0039414

Aufreiter / Baumgartner / Hauer
Mahringer-Eder / Obermayr

Dinkel, Einkorn, Amarant ...

Korngesunde Köstlichkeiten

2. Auflage

Leopold Stocker Verlag
Graz – Stuttgart

Umschlaggestaltung:
DSR | Werbeagentur Rypka GmbH., 8020 Graz

Bildnachweis:
Titelbilder: Hintergrund: Bilderwerk, Beatrix Fiala, Wien
            Einklinker: Speise: Philipp Podesser, Graz, Gebäck: Autorinnen
Einleitungsbilder bei den Speisen: Philipp Podesser, Graz
Getreidefotos: Ing. Peter Köppl, LWK. OÖ
Seite 18, Reis: Abbildung © Thomas Schöpfer, Berlin
Seite 19, Buchweizen: Foto BAL Gumpenstein/Buchgraber
Alle anderen Bilder wurden freundlicherweise von den Autorinnen zur
Verfügung gestellt.

Die 3 Brot-Rezepte auf Seite 131 stammen aus dem Buch „Brotbacken"
von Dam/Kramer, erschienen im Leopold Stocker Verlag

Der Inhalt dieses Buches wurde vom Autor und Verlag nach bestem Gewissen
geprüft, eine Garantie kann jedoch nicht übernommen werden. Die juristische
Haftung ist ausgeschlossen.

Bibliografische Information Der Deutschen Bibliothek
Die Deutsche Bibliothek verzeichnet diese Publikation in der Deutschen Natio-
nalbibliografie; detaillierte bibliografische Daten sind im Internet unter
http://dnb.ddb.de abrufbar.

Hinweis: Dieses Buch wurde auf chlorfrei gebleichtem Papier gedruckt. Die
zum Schutz vor Verschmutzung verwendete Einschweißfolie ist aus Polyethylen
chlor- und schwefelfrei hergestellt. Diese umweltfreundliche Folie verhält sich
grundwasserneutral, ist voll recyclingfähig und verbrennt in Müllverbrennungs-
anlagen völlig ungiftig.

ISBN 978-3-7020-1159-8
Alle Rechte der Verbreitung, auch durch Film, Funk und Fernsehen, fotomecha-
nische Wiedergabe, Tonträger jeder Art, auszugsweisen Nachdruck oder Ein-
speicherung und Rückgewinnung in Datenverarbeitungsanlagen aller Art, sind
vorbehalten.
© Copyright by Leopold Stocker Verlag, Graz 2007; 2. Auflage 2008
Layout und Repro: Werbeagentur | Digitalstudio Rypka GmbH., 8020 Graz
Druck: Druckerei Theiss GmbH., 9431 St. Stefan

Inhalt

Reis 120

Roggen 126

Weizen 132

Die Autorinnen

Vorwort

Mit unserem Buch „Dinkel, Einkorn, Amarant ... – Korngesunde Köstlich-keiten" laden wir Sie ein, Getreide in allen Variationen neu zu entdecken! Wir möchten Sie dazu anregen, die Vielfalt des Getreides kennen zu ler-nen und dieses ernährungsphysiologisch wertvolle Lebensmittel wieder verstärkt in Ihren Speiseplan einzubauen.

In diesem Buch finden Sie neben Rezepten mit Vollkorn auch solche, für die wir die gewohnten Mehle verwendet haben. Der Bogen spannt sich von bekannten Getreidesorten wie Weizen und Roggen über Dinkel und Hafer bis hin zu nicht so Bekanntem wie Hirse, Buchweizen, Amarant und Quinoa.

Beim Erstellen der Rezepte haben wir darauf geachtet, dass sie in un-seren heutigen Lebensalltag passen – einfach, gesund und bekömmlich.

Beim Durchblättern dieses Buches werden Sie in den Steckbriefen der einzelnen Getreidearten interessante Informationen zur Botanik und zum gesundheitlichen Nutzen entdecken.

Uns hat das Kreieren und Ausprobieren der Rezepte mit oft ungewöhn-lichen Zutaten und die mit Spannung erwartete erste Kostprobe sehr ver-gnügliche Stunden bereitet. Bei „Testessen" im Freundeskreis ist es immer wieder gelungen, Personen, die der Getreideküche bislang skeptisch gegenüberstanden, vom kulinarischen Erlebnis „Getreide" zu überzeugen.

Es wäre schön, wenn Sie beim Ausprobieren und Genießen unserer Re-zepte genauso viel Spaß und Freude hätten wie wir!

Sie können aus einer Vielzahl von Rezepten für köstliche Salate, Sup-pen, pikante und süße Hauptspeisen, Kuchen, Torten, Desserts, Brot, Ge-bäck und Aufstriche wählen. Stellen Sie doch einfach einmal ein Getrei-demenü zusammen oder genießen Sie einzelne Gerichte als Highlights! Dabei ist es uns ein großes Anliegen, Sie zu ermuti-gen, Ihrer Phantasie freien Lauf zu lassen und sich nicht nur an den Rezeptangaben zu orientieren. Sie werden stau-nen, welche originellen Köstlichkeiten so entste-hen!

Sind Sie noch kein Profi in Sachen Getreide-küche? Auch für Sie bietet unser Buch den bes-ten Einstieg – wir haben für Sie sehr detaillierte Zutatenlisten und Zubereitungshinweise er-stellt, die Ihnen bei der Zubereitung Sicherheit geben und Ihnen ein köstliches Ergebnis garantie-ren!

Gutes Gelingen wünschen Ihnen die Autorinnen!

Einleitung

Getreide und daraus gewonnene Erzeugnisse sind in der Geschichte der Menschheit seit Jahrtausenden die wichtigste Nahrungsgrundlage. Getreide gehört zu den preisgünstigsten Lebensmitteln, ist einfach und lange zu lagern und liefert uns viele wertvolle Nährstoffe. Trotzdem ist es in der täglichen Küche etwas in den Hintergrund gerückt. Aus eigener Erfahrung wissen wir, dass sich viele nicht an das Kochen mit Getreide heranwagen, weil sie glauben, zu wenig Wissen um dieses wertvolle Lebensmittel in Theorie und Praxis zu besitzen. Wir möchten Ihnen mit diesem Buch helfen, diese Hemmschwelle zu überwinden, Ihr Wissen zu diesem Thema (wieder) zu entdecken und Getreide zu einem fixen Bestandteil Ihres Speisezettels zu machen. Dieses Buch soll für Sie zu einem verlässlichen Partner werden, wenn es um Getreidespezialitäten aller Art geht!

Historisches und Anbau- bedingungen

Die häufigsten Getreide- arten (Zerealien)
Weizen
Roggen
Hafer
Gerste
Reis
Mais
Hirse

Pseudozerealien
Buchweizen
Quinoa
Amarant

Der Getreideanbau hat weltweit große Bedeutung. Einige Getreidearten wie z. B. der Weizen zählen zu den ältesten Kulturpflanzen der Welt. Man unterscheidet zwischen Zerealien (I. Weizen, II. Roggen, III. Hafer, IV. Gerste, V. Reis, VI. Mais und VII. Hirse) und den so genannten Pseudozerealien (VIII. Buchweizen, IX. Quinoa und X. Amarant), die botanisch nicht zum Getreide gehören, in ihrer Zusammensetzung aber dem Getreide sehr ähnlich sind und sich auch so verarbeiten und verwenden lassen.

Die häufigsten Getreidearten (Zerealien)

I. Weizen	II. Roggen	III. Hafer	IV. Gerste	V. Reis	VI. Mais	VII. Hirse

I. Weizen – *Triticum* sp.

Weizen ist eine Getreideart mit einem großen Formenreichtum. Wie der folgenden Aufstellung entnommen werden kann, kennt man drei Abstammungsreihen:

Weizen

Dinkel- oder Spelzreihe	Emmer-Reihe	Einkorn-Reihe
▼	▼	▼
Weichweizen	Emmer	Einkorn
Dinkel	Hartweizen	
▼	Khorassanweizen (auch Kamut)	
Grünkern		

Hartweizen

Zum Weizen gehören unter anderem Weichweizen, Hartweizen, Dinkel, Einkorn, Emmer, Khorassanweizen (Schutzmarke „Kamut")

Edelweizen

Weizen

DINKEL-REIHE

Weichweizen – *Triticum aestivum*

Weichweizen wird in Österreich am häufigsten angebaut. Er stellt hohe Ansprüche an den Standort. So bevorzugt er Böden mit einem ausgeglichenen Wasser- und Lufthaushalt, einer guten Wasserspeicherfähigkeit und einem pH-Wert im neutralen Bereich. Beim Weichweizen unterscheidet man eine Sommer- und Winterform. Von allen Weizenarten werden beim Weichweizen die höchsten Erträge erzielt.

Für die Verwendung als Nahrungsmittel ist vor allem eine gute äußere und innere Qualität von entscheidender Bedeutung.

Beim Weichweizen handelt sich um eine freidreschende Getreideart, d. h. am Weizenkorn haftet nach der Ernte keine Spelze. Es kann nach entsprechender Aufbereitung (z. B. Trocknung) verwendet werden.

> Weichweizen ist die häufigste, bekannteste und ertragreichste Getreidesorte in Österreich

Dinkel – *Triticum spelta*

In letzter Zeit kommt es verstärkt zu einer Wiederentdeckung dieser teilweise schon in Vergessenheit geratenen Getreideart. Sie wird vermehrt

> Die Backeigenschaft von Dinkel ist nicht so gut wie jene von Weichweizen

Dinkel

vom Konsumenten nachgefragt und daher auch von Landwirten angebaut.

Dinkel zählt zu den Spelzweizen. Bei diesen Weizenarten haften nach dem Drusch noch Teile der Ähre und die Spelzen (Veesen) an den Körnern. Vor der weiteren Verarbeitung sind die Getreidekörner von den Spelzen zu trennen.

Dinkel zeichnet sich durch seine Robustheit und geringen Ansprüche an den Standort aus.

Wird Dinkel bereits sehr früh geerntet (Reifestadium: Teigreife oder Milchreife) und anschließend bei ca. 120 °C gedarrt, so wird dieser als Grünkern vermarktet.

Grünkern

Dieser stellt hohe Anforderungen an die Ernte und Aufbereitung.

Er zeichnet sich durch einen typischen, aromatischen, nussig-würzigen Geschmack aus.

EMMER-REIHE

Hartweizen – *Triticum durum*

Hartweizen – auch Durumweizen genannt – wird für die Herstellung von Nudeln verwendet und vor allem in den Mittelmeerländern kultiviert. In Österreich wird Hartweizen im Osten angebaut.

Khorassanweizen (Kamut = Markenbezeichnung)

Bei Khorassanweizen handelt es sich um einen Sommerhartweizen. Er weist eine geringe Anpassungsfähigkeit auf und zeichnet sich durch ein großes und schweres Korn aus.

Kamut

II. Roggen – *Secale cereale*

Roggen stammt aus Kleinasien. Im Jahr 2005 wurde Roggen in Österreich auf einer Fläche von ca. 43.000 ha als Brotgetreide kultiviert.

Roggen stellt nur geringe Ansprüche an den Boden. Besonders hervorzuheben ist die Frostresistenz des Roggens bis ca. minus 25 °C, die von keiner anderen Getreideart erreicht wird. Pflanzenbaulich betrachtet, lässt sich Roggen aufgrund seiner geringeren Empfindlichkeit gegenüber Krankheiten auch gut in die Fruchtfolge einplanen.

Beim Drusch fallen die Körner leicht aus den Spelzen (freidreschend).

Roggen

Hafer

III. Hafer – *Avena sativa*

Hafer wird einerseits zur Tierfütterung verwendet und aufgrund seiner physiologisch wertvollen Eigenschaften auch wieder verstärkt als Nahrungsmittel geschätzt. Hafer hat als Blütenstand eine Rispe.

Hafer stellt aufgrund seines hohen Wasserbedarfs hohe Ansprüche an den Wasserhaushalt des Bodens. Ist die Wasserversorgung sichergestellt, gedeiht Hafer auch noch in raueren (kühleren) Klimabereichen.

Wird Hafer in der Lebensmittelindustrie eingesetzt, so muss er nach der Ernte von den Spelzen befreit werden. Eine Sonderform des Hafers ist der Nackthafer, der für die Lebensmittelindustrie Vorteile bietet.

Hafererzeugnisse sind meist Bestandteil von Müslis, Frühstücksflocken etc.

IV. Gerste – *Hordeum vulgare*

Bei Gerste unterscheidet man eine Sommer- und eine Winterform. In Österreich wird Wintergerste vorwiegend für Futterzwecke verwendet, Sommergerste wird überwiegend als Braugerste angebaut. Wintergerste ist mit einer Winterfestigkeit bis minus 15 °C die frostempfindlichste Wintergetreideart. Es scheiden somit Standorte mit hoher Frostgefahr aus. Gerste hat im Vergleich zu anderen Getreidearten einen geringen Wasserverbrauch.

Bei der Gerste sind die Spelzen fest mit dem Korn verwachsen. Eine Sonderform stellen die Nacktgersten dar, bei denen dies nicht der Fall ist.

Gerste

V. Reis – *Oryza sativa*

Reis wird vor allem in Asien als so genannter „Nassreis" angebaut. Anbaugebiete in Europa finden sich in Südfrankreich und Norditalien. Reis gehört botanisch zur Familie der Gräser. Die Körner befinden sich in einer Rispe. Sie sind von Spelzen, die sich beim Drusch nicht lösen, fest umschlossen.

Reis wird vorwiegend als Nahrungsgetreide angebaut. Beim Reis gibt es zahlreiche Sorten und Typen, die sich in Korngröße, Kornform, Geschmack und Kochqualität unterscheiden.

Reis

VI. Mais – *Zea mays*

Mais stammt aus Mittelamerika und gehört zur Pflanzenfamilie der Gräser. Auf der Maispflanze sind die männlichen (Fahne) und weiblichen Blüten (Kolben) räumlich getrennt.

Bei der Auswahl der Sorten müssen die unterschiedlichen klimatischen Voraussetzungen berücksichtigt werden (sehr früh bis spät reifende Sorten). Mais benötigt für seine gesamte Entwicklung viel Wärme. Er bevorzugt leicht bearbeitbare, lockere Böden mit einem pH-Wert im neutralen Bereich.

Weltweit kommt dem Mais eine große Bedeutung in der Ernährung zu.

Mais

VII. Hirse – *Panicum miliaceum*

Die Herkunft von Hirse ist nicht eindeutig nachzuweisen; sie könnte ursprünglich aus der Mongolei, aus China bzw. Indien kommen. Hirse zählt zur Familie der Gräser und ist eine Kulturpflanze mit relativ kurzer Vegetationsdauer.

Die Hirse bevorzugt einen humosen Sandboden und zur Zeit der Aussaat höhere Temperaturen.

Die kleinen gelben Körner sind von einer Deckspelze fest umschlossen und müssen daher vor ihrer Verwendung als Lebensmittel geschält werden.

Hirse ist das wichtigste Grundnahrungsmittel in Afrika, im Vorderen Orient und in Indien.

Hirse

Pseudozerealien

VIII. Buchweizen – *Fagopyrum esculentum*

Buchweizen stammt aus Mittelasien und gehört zur Familie der Knöterichgewächse. Die Pflanze hat weiße bis rosarote Blüten und wird vorwiegend für Gründüngungszwecke angebaut.

Buchweizen ist bezüglich der Standortbedingungen besonders anspruchslos. Bevorzugt gedeiht er auf leichten Böden mit einem pH-Wert im neutralen Bereich. Buchweizen weist eine sehr kurze Vegetationszeit auf.

Die dreikantigen Früchte können als Lebensmittel verwendet werden. Der Name Buchweizen leitet sich von seinen braunen dreikantigen Früchten ab, die eine ähnliche Form wie Bucheckern haben.

Buchweizen

IX. Quinoa – *Chenopodium quinoa*

Quinoa diente schon vor 6000 Jahren den Ureinwohnern der Anden als wichtige Nahrungsgrundlage und zählt zur Familie der Gänsefußgewächse; Quinoa wird auch noch als Reismelde bezeichnet.

Die Samen der Quinoapflanze können je nach Herkunft und Sorte unterschiedlich gefärbt sein. Die in Österreich erhältlichen Samen weisen eher eine helle Färbung auf. Quinoa ist eine äußerst robuste und anspruchslose Kulturpflanze. Sie kann auch in jenen Höhenlagen noch kultiviert werden, wo es keinen Anbau von Getreide mehr gibt.
In Europa werden lediglich die Samen der Quinoapflanze als Nahrungsmittel verwendet, in den ursprünglichen Anbaugebieten werden aber auch die Blätter als Gemüse gegessen.

Quinoa

X. Amarant – *Amaranthus caudatus*

Amarant war für die Azteken und Inkas in Mittelamerika die wichtigste Getreidepflanze. Er gehört zur Familie der Fuchsschwanzgewächse. Viele winzige goldgelbe bis karminrote Samen sind in großen Fruchtständen enthalten. Amarant ist eine wärmebedüftige Pflanze mit relativ geringen Bodenansprüchen. Ihre genetische Vielfalt bietet heute ein reiches Potenzial für die Auswahl regional angepasster Sorten, insbesondere für den Bioanbau.

Amarant

„Anatomie" des Getreidekorns

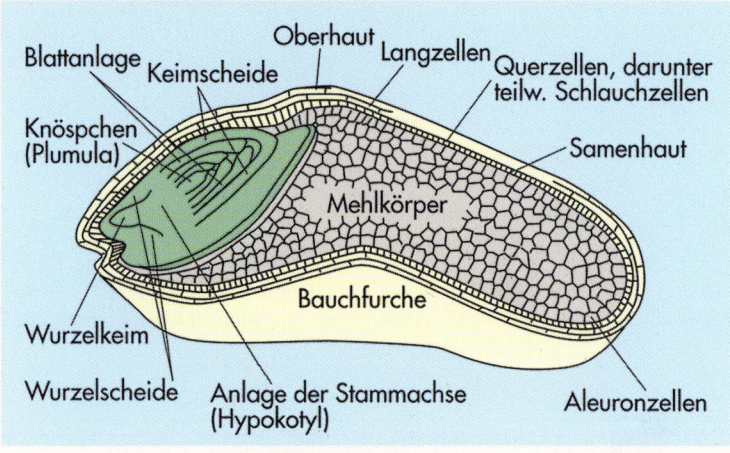

Inhaltsstoffe des Getreidekorns

Bestandteile des Getreidekorns		Nährstoffe
Kleie	Frucht- und Samenschale	Ballaststoffe, sekundäre Pflanzenstoffe
	Aleuronschicht	Eiweißstoffe, Vitamine, Mineralstoffe
	Keimling	Fette, Eiweißstoffe, Vitamine, Mineralstoffe
Mehl	Mehlkörper	Stärke, Eiweißstoffe

Vollkornmehl wird nicht von der Kleie getrennt, beeinhaltet also auch die Schale, die Aleuronschicht und den Keimling.

Ernährungsphysiologische Bedeutung

Getreide verdient einen Spitzenplatz in unserem Speiseplan – und das gilt nicht nur für Brot und Gebäck aus Weizen und Roggen. Zu Unrecht vergessene Sorten wie Hirse und Buchweizen, wieder „moderne" Getreidesorten wie Dinkel oder Einkorn und weniger bekannte Pseudozerealien wie Amarant und Quinoa bringen noch mehr Abwechslung und gesundheitliche Vorteile. Getreideprodukte enthalten eine Vielzahl von Stoffen, die für eine ausgewogene Ernährung unentbehrlich sind und die sie zu wertvollen Bestandteilen unseres Speisezettels machen.

Welche Inhaltsstoffe machen das Getreide so wertvoll?

Getreide und Getreideprodukte sind reich an Kohlenhydraten und pflanzlichem Eiweiß. Die Kohlenhydrate liegen in Form von Stärke vor. Vollkornprodukte zeichnen sich darüber hinaus durch einen hohen Mineralstoffanteil (Calcium, Kalium, Magnesium, Phosphor, Eisen) aus. Weiters sind sie reich an Vitaminen der B-Gruppe und Vitamin E. Sie haben einen Ballaststoffgehalt, der höher liegt als bei den meisten anderen pflanzlichen Lebensmitteln. Sie enthalten sehr wenig Fett, das aber reich an lebenswichtigen ungesättigten Fettsäuren ist. Diese schützen vor Herz-Kreislauf-Erkrankungen. Das Eiweiß des Mehlkörpers ist unter anderem das Klebereiweiß. Von ihm hängt die Backfähigkeit des Mehles ab. Biologisch höherwertig sind die Eiweißstoffe der Aleuronschicht und des Keimlings.

Außerdem enthalten Getreideprodukte sekundäre Pflanzenstoffe. Bei Getreide kann man die Phenolsäure hervorheben. Sekundäre Pflanzenstoffe kommen im Vergleich zu den primären Pflanzenstoffen (Kohlenhydrate, Eiweiße und Fette) nur in geringen Mengen vor. Die Pflanzen produzieren diese Stoffe als Schutz gegen Schädlinge und Krankheiten, als Wachstumshormone, Duft-, Aroma- oder Farbstoffe. Beim Menschen zeigen sie gesundheitsfördernde Wirkungen: Zahlreiche dieser sekundären Pflanzenstoffe sind wirksame Antioxidantien und können im Körper freie Sauerstoffradikale reduzieren, die wiederum mit degenerativen Alterungsprozessen und verschiedenen Krankheiten in Verbindung gebracht werden. Forschungsergebnisse deuten darauf hin, dass einige dieser Verbindungen vor Krebs und Herz-Kreislauf-Erkrankungen schützen können. Die sekundären Pflanzenstoffe sind vor allem in den Schalenteilen enthalten – ein Teil Ihres täglichen Getreidekonsums sollte deshalb aus Vollkornprodukten bestehen.

Korngesunde Köstlichkeit: Getreide ist ein wertvoller Lieferant von Ballaststoffen, Eiweiß, Vitaminen, Mineralstoffen, ungesättigten Fettsäuren …

Ballaststoffe – kein unnötiger „Ballast"!

Weizenkörner

Die Ballaststoffe schließen die Stärkekörner ein und bilden dadurch eine physikalische Barriere gegen Verdauungsenzyme. Das führt zu einer verzögerten Freisetzung der Kohlenhydrate. Sie sorgen für einen gleichmäßigen Blutzuckerspiegel, eine lang anhaltende Sättigung und eine ausgewogene Leistungsfähigkeit. Die unverdaulichen Ballaststoffe greifen regulierend in die Darmtätigkeit ein und unterstützen gesundheitsfördernde Prozesse. Sie können unerwünschte Nahrungsinhaltsstoffe binden, die Darmpassage beschleunigen und so die Kontaktzeit unerwünschter Stoffe mit der Darmschleimhaut verkürzen. Manche Ballaststoffe (z. B. Inulin) haben eine präbiotische Wirkung, d. h. sie fördern eine positive Bakterienflora. Diese Bakterien zersetzen einen Teil der Ballaststoffe im Dickdarm zu kurzkettigen Fettsäuren. Diese senken den pH-Wert des Darminhaltes und dienen auch der Darmschleimhaut als Nährstoff. Vollkorngetreide ist der wichtigste Lieferant von Ballaststoffen in unserer Ernährung.

Getreide-unverträglichkeit

Zöliakie und Getreide – unvereinbar?

In Mitteleuropa zählt die Zöliakie zu den häufigsten Erkrankungen des Magen-Darm-Traktes. Man nimmt an, dass in etwa ein Prozent der Bevölkerung in Europa von dieser Krankheit betroffen ist.

Bei dafür genetisch prädisponierten Personen führt eine Überempfindlichkeit der Dünndarmschleimhautzellen auf Getreideproteine zur Zöliakie. Diese Unverträglichkeit bleibt ein Leben lang bestehen. Besonders häufig fällt die Krankheit im ersten und zweiten Lebensjahr und zwischen 20. und 30. bzw. zwischen 40. und 50. Lebensjahr auf. Nach den heutigen medizinischen Erkenntnissen müssen Zöliakie-Betroffene strikt darauf achten, das Klebereiweiß Gluten und ähnliche Eiweißkörper in ihrer Ernährung zu meiden.

_____

Zöliakie-Betroffene vertragen kein Gluten (Klebereiweiß)

_____

Bei einer Glutenunverträglichkeit bilden sich die Darmzotten zurück, was zu einer gestörten Nährstoffaufnahme führt. Symptome, die an das Vorliegen einer Zöliakie denken lassen, sind häufig Eisenmangelanämie, Durchfall oder Verstopfung, Blähungen, Übelkeit, Bauchschmerzen, fehlende Gewichtszunahme, Kleinwuchs sowie verminderte Leistungsfähigkeit und gesteigerte Infektanfälligkeit. Allerdings müssen diese Symptome nicht auftreten. Um eine Zöliakie zweifelsfrei diagnostizieren zu können, muss der Arzt neben einer Blutuntersuchung auch eine Dünndarmbiopsie oder Gastroskopie durchführen. Es ist davor zu warnen, ohne Diagnose eine glutenfreie Ernährung zu wählen! Wenn Sie den Verdacht haben, an Zöliakie zu leiden, ist eine ärztliche Abklärung unverzüglich in die Wege zu leiten!

Durch eine strikt glutenfreie Ernährung kommt es zur Besserung der oben genannten Beschwerden und zum Wiederaufbau der Zotten der Dünndarmschleimhaut.

Gluten und ähnliche Getreideeiweiße sind in Weizen, Dinkel, Roggen, Hafer, Gerste, Grünkern, Kamut, Einkorn und Emmer enthalten. Es ist aber auch zu beachten, dass Lebensmittel, die aus den oben angeführten Zerealien bestehen, ebenfalls zu meiden sind. Das trifft unter anderem auf Mehl, Grieß, Graupen, Stärke, Flocken, Brösel, Teigwaren, Brot und Gebäck, Gnocchi, Pizza, Knödel, Kuchen, Torten, Kekse, Müsliriegel, Eiswaffeln, malzhältige Lebensmittel wie Bier und Malzkaffee sowie Knabbergebäck zu. Auch wenn Gluteneiweiß nur in Spuren enthalten ist, kann das negative Folgen für die Gesundheit nach sich ziehen. Vereinzelt sind Berichte zu finden, dass Hafer bei Zöliakie ohne schädigende Auswirkung verzehrt werden kann. Nach heutigem Erkenntnisstand raten die meisten Ärzte allerdings nach wie vor davon ab, Hafer auch nur in geringen Mengen zu konsumieren.

Sollten Sie an dieser Unverträglichkeit leiden, stehen Ihnen heute spezielle diätetische Produkte aus vielen Lebensmittelgruppen zur Verfügung. Aber auch einige Getreide bzw. Pseudozerealien gelten als unbedenklich für Zöliakie-Betroffene. Dazu gehören Reis (auch Wildreis), Mais, Hirse, Buchweizen, Amarant und Quinoa.

Allerdings stellt die Kontamination mit glutenhaltigem Getreide schon beim Anbau (Mischkulturen), während des Transports, beim Mahlen und beim Lagern ein großes Risiko dar. Kaufen Sie daher die geeigneten Getreide immer als ganze Körner und prüfen Sie gründlich, ob nicht vereinzelt glutenhaltige Getreidekörner vorhanden sind. Am besten mahlen Sie die für Sie geeigneten Getreide bzw. Pseudozerealien selber in einer Getreidemühle. Dabei ist aber zu beachten, dass in der gleichen Getreidemühle keine glutenhaltigen Körner gemahlen werden!

Achten Sie in Ihrer Ernährung besonders auf versteckte Glutenquellen in Halbfertig- und Fertigprodukten wie z. B. in gebundenen Soßen, Suppen, Fertiggerichten und Pudding. Auch Medikamente und Nahrungsergänzungsmittel können Gluten aufweisen. Passen Sie auch bei Produkten aus Getreidemischungen (Brote, Buchweizennudeln etc.) auf – eine Produktbezeichnung mit einem „erlaubten" Getreide garantiert noch nicht, dass nur diese eine Art enthalten ist.

Symptome: Durchfall oder Verstopfung, Übelkeit, Bauchschmerzen, keine Gewichtszunahme ....

Nicht geeignet für Zöliakie-Betroffene: Dinkel, Roggen, Hafer, Gerste, Grünkern, Kamut, Einkorn und Emmer

Geeignet für Zöliakie-Betroffene: Reis, Mais, Hirse, Buchweizen, Amarant und Quinoa

Nicht nur eine überlegte Lebensmittelauswahl, sondern auch die Beachtung einiger wichtiger Punkte bei ihrer Verarbeitung im Haushalt sind Voraussetzungen für ein beschwerdefreies Leben.

■ Achten Sie darauf, dass Mehlstaub usw. nicht über Geschirrtücher, Arbeitsgeräte und Arbeitsflächen auf Ihre Lebensmittel übertragen werden.

■ Verwenden Sie Arbeitsgeräte aus Holz nur für glutenfreie Produkte. Selbst bei sehr sorgfältiger Reinigung können Spuren von Gluten haften bleiben und andere Lebensmittel kontaminieren.

■ Glutenfreie Lebensmittel und glutenhältige Lebensmittel strikt voneinander getrennt lagern, wenn möglich in gut verschlossenen Behältern.

■ Nie eine Fritteuse verwenden, in der bereits glutenhaltige Lebensmittel frittiert wurden.

■ Arbeitsgeräte immer äußerst sauber halten und nicht von einem glutenhaltigen zu einem glutenfreien Lebensmittel wechseln.

■ Für glutenfreies Brot und Gebäck immer einen eigenen Brotkorb verwenden.

■ Glutenhaltige und glutenfreie Lebensmittel nicht gleichzeitig im selben Kochgeschirr zubereiten. Wenden oder rühren Sie die Lebensmittel auch nicht mit demselben Arbeitsgerät!

> Gluten kann auch über Mehlstaub, Arbeitsgeräte und Aufbewahrungsgeräte auf glutenfreie Lebensmittel übertragen werden

Mehl (1) – Schrot (2) – Korn (3)

Vom Getreide zum Mehl

Typenzahl – Ausmahlungsgrad
Vergleich Auszugsmehl und Vollkornmehl

Lagerung und Haltbarkeit

Reinigen: Es werden alle kornfremden Bestandteile wie Erde, Sand, Stroh, Steinchen oder Unkrautsamen entfernt.

Schälen: Schale und Keimling werden vom Mehlkörper getrennt.

Vermahlen: Zwischen Walzen wird das Korn zerkleinert, wobei die Schale möglichst grobflächig erhalten bleiben soll und der Mehlkörper fein vermahlen wird. Nach jedem Zerkleinerungsvorgang folgt ein Siebvorgang. Die anfallenden Mehle werden je nach Helligkeit und Mehlaschegehalt zu den gesetzlich festgelegten Mehltypen vermischt.

Getreide wird zu Schrot, Grütze, Grieß, Dunst oder Mehl vermahlen

---

Die Palette der Müllereiprodukte umfasst die Untergruppen der Schäl- und Mahlprodukte. Ein Überblick:

Schälprodukt	Beschreibung	Verwendung
Graupen	geschälte, entkeimte, geschliffene Körner (z. B. Rollgerste)	Beilage, Suppen, …
Flocken	gewalzte Körner (z. B. Haferflocken)	Müsli, Suppen, …
Kleie	zerkleinerte Samenschale (z. B. Weizenkleie)	Müsli, Buttermilch, …

Mahlprodukt	Beschreibung	Verwendung
Schrot	grob zerkleinert	Brot, Laibchen, Aufstriche…
Grütze	grob gemahlen (ohne Randschicht und ohne Keimling)	Suppe, Brei, …
Grieß	grob gemahlen	Teigwaren, Beilage, Suppen, …
Dunst	im Feinheitsgrad zwischen Grieß und Mehl stehend	Teigwarenherstellung
Griffiges Mehl	enthält Dunstanteile und fühlt sich dadurch leicht körnig an	Teige, Backwaren
Glattes Mehl	fühlt sich glatt, fein und weich an	Teige, Backwaren
Stärke	wird aus dem Mehlkörper ausgeschwemmt	Bindemittel

Um bei der Auswahl der Müllereiprodukte sicher zu gehen, ist es wichtig, die folgenden Begriffe zu kennen.

Typenzahl – Ausmahlungsgrad

Die im Handel erhältlichen Mehle werden mit Typenzahlen gekennzeichnet. Je höher die Typenzahl, desto höher ist der Nährstoff- und Ballaststoffgehalt. In Österreich wird Weizenmehl in folgenden Typen erzeugt: 480, 700, 1600. In Deutschland findet man Weizenmehle der Typen 405, 550, 1050 und 1700.

Roggenmehl gibt es in Österreich in den Typen 500, 960, 2500 und in Deutschland in den Typen 815, 997, 1150, 1370 und 1740.

Die Typenzahl gibt Auskunft über den Ausmahlungsgrad

Ein hoher Ausmahlungsgrad bedeutet, dass ein hoher Anteil der Schalen mit vermahlen wird, dunkles Mehl entsteht (z. B. Vollkornmehl).

Ein niedriger Ausmahlungsgrad besagt, dass das Mehl hauptsächlich aus dem Mehlkörper besteht. Dieses Mehl ist hell (Auszugsmehl).

Vergleich Auszugsmehl und Vollkornmehl

	Weizenmehl Type 480 (Auszugsmehl)	Weizenvollkornmehl
Vitamingehalt	Gering	Hoch
Mineralstoffgehalt	Gering	Hoch
Mehlfarbe	Hell	Bräunlich

Einen Überblick über die Verwendung von Mehlen der verschiedenen Mehltypen finden Sie in der folgenden Tabelle.

Weizenmehltypen	
W 480	griffig, glatt Feinbackwaren
W 700	Koch- und Backmehl
W 1600	Brotmehl

Roggenmehltypen	
R 500	Auszugsmehl Lebkuchen, Kleingebäck
R 960	Brotmehl
R 2500	Schwarzbrotmehl

Lagerung und Haltbarkeit

Getreide ist bei trockener und luftiger Lagerung sehr gut haltbar. Am besten eignen sich Papiersäcke. In gut verschlossen Glas- oder Kunststoffbehältern ist das Getreide mottensicher. Es soll dann allerdings nur kurzfristig darin gelagert werden. Vollkornmehle enthalten auch den Keimling mit seinen qualitativ hochwertigen Fettsäuren. Aus diesem Grund sind Vollkornmehle am besten kühl zu lagern und innerhalb einiger Wochen aufzubrauchen. Auszugsmehle sind bei richtiger Lagerung mehrere Monate haltbar.

• trocken
• luftig
• mottensicher!

Keime

Keime aus Getreide und anderen Samen sind sehr reich an Vitaminen und Mineralstoffen. Diese wenige Tage alten Jungpflanzen tragen vor allem zur Deckung des Bedarfes an Magnesium und Eisen bei. Durch ihren Ballaststoffanteil haben Keime eine leicht verdauungsfördernde Wirkung.

Um die Keimung in Gang zu bringen, brauchen die Getreidekörner Wasser, Wärme und Licht. Im Zuge der Keimung wird eine ganze Reihe von chemischen Prozessen ausgelöst, die die im Korn enthaltenen Nährstoffe leichter verfügbar machen. Während des Keimens steigt der Vitamingehalt sehr rasch an. Je länger die Körner keimen, desto mehr Vitamine bilden sich.

Keime enthalten reichlich Vitamine, Mineralstoffe, Magnesium, Eisen …

Verwenden Sie Körner aus biologischer Produktion, Körner aus konventionellem Anbau können chemisch behandelt sein und Reste von Pflanzenschutzmitteln beinhalten.

Weizen, Roggen, Gerste, Hafer, Dinkel, Mais und Buchweizen eignen sich gut zum Keimen.

Keimgefäße

Keimgefäße müssen grundsätzlich leicht zu handhaben und zu reinigen sein.

Keimapparat: Im Handel werden sehr unterschiedliche Ausführungen angeboten, meist sind es flache Schalen mit Gitter oder Rillen. Zu beachten ist, dass sie einfach zu reinigen und zu handhaben sind. Manche Modelle lassen sich sogar stapeln, so dass auf sehr wenig Platz viele verschiedene Sprossen gleichzeitig gezogen werden können. Zu kaufen gibt es diese Keimapparate in Reformhäusern und Naturkostläden, die Preise sind je nach Ausführung und Größe sehr unterschiedlich.

Keimglas: Dies sind einfache Schraubgläser, statt dem Deckel ist ein Kunststoff- oder Metallgitter aufgeschraubt. Zum täglichen Spülen kann die Abdeckung am Glas bleiben. Das Keimglas stellt eine sehr günstige Variante dar, besonders dann, wenn Sie nicht regelmäßig Keime benötigen.

Vorratsglas: Dieses wird mit luftdurchlässigem Material (Kunststoffgaze oder Stoff) verschlossen, mit einem Gummiring fixiert und mit der Öffnung nach unten schräg aufgestellt. Diese Methode ist vor allem zum Einstieg zu empfehlen.

Nicht zu empfehlen ist das Keimen mit Hilfe von Watte oder Vlies, da sich dort bei mangelnder Luftzirkulation leicht unerwünschte Mikroorganismen ansiedeln.

Sie haben die Auswahl zwischen Keimapparat, Keimglas und Vorratsglas

Vorgehensweise

Es ist empfehlenswert, sich an folgende Vorgehensweise zu halten:
- Körner in einem Sieb abspülen.
- Körner einweichen: je nach Getreideart einige Stunden bzw. über Nacht.
- Nach dem Abgießen müssen die nicht gequollenen Körner entfernt werden, denn sie keimen nicht und faulen später im Keimgefäß.
- Die gequollenen Körner mit lauwarmem Wasser abspülen und in das Keimgefäß geben.
- Am ersten Tag das Keimgut im Dunkeln keimen lassen. Anschlie-

ßend an einen hellen Ort stellen, direkte Sonnenbestrahlung dabei vermeiden.

- Die geeignete Keimtemperatur liegt bei 20 bis 22 °C. Ist es zu kalt, wird die Keimung gebremst, ist es wärmer, erhöht sich die Gefahr von Schimmelbildung.
- Entsteht im Keimgerät Schimmel, so müssen alle Keime weggeworfen werden.
- Zweimal täglich spülen, damit das Keimgut gleichmäßig feucht bleibt.
- Nach etwa drei bis vier Tagen können die Keime von Getreide verwendet werden.

Genaue Angaben über Einweichzeit, Keimdauer, Spülhäufigkeit sowie die Keimlänge zur Erntezeit finden sich meist auf der Verpackung der Samen. Wie lange Keime wachsen sollen, hängt auch vom persönlichen Geschmack ab.

Zu beachten:

- Das Keimgerät nicht zu dicht mit Saat füllen, damit die Keime genügend Platz zur Entwicklung haben und die Luft zirkulieren kann.
- Um Schimmelbildung zu vermeiden, ist Sauberkeit im Umgang mit Saatgut und Keimgeräten notwendig.
- Nach Gebrauch muss das Keimgerät gründlich gereinigt werden (Geschirrspüler).

- nicht zu dicht
- gesundes Saatgut
- sauberes Gerät

Umgang mit fertigen Keimen

Keime, die die gewünschte Größe erreicht haben, isst man am besten sofort. Man kann sie aber auch gut verschlossen ein bis zwei Tage im Kühlschrank lagern, da Kälte ihre weitere Entwicklung bremst.

Vor dem Verzehr sollte man die Keime gründlich unter fließendem Wasser abspülen oder in kochendem Wasser kurz blanchieren, um den Bakteriengehalt zu verringern.

Verwendung von Keimen

Die Keime können in Salate, Gemüsegerichte, Müsli und Suppen gemischt werden. Angekeimte Körner (ca. zwei Tage) können unzerkleinert in den fertigen Brotteig geknetet werden.

Geschmack von Keimen

Weizen-, Gersten, Hafer-, Dinkel- und Hirsekeime haben einen milden, süßlichen Geschmack.

Brot backen

Unser Buch beinhaltet verschiedenste Rezepte für Brot und Gebäck, die in jedem Haushaltsbackrohr gelingen. Sie können sie natürlich auch in einem Brotbackofen backen.

Wenn Sie Sauerteig für ein Rezept benötigen, haben Sie folgende Möglichkeiten:

- **Selbst herstellen:** 400 g Roggenmehl, 2 EL Sauermilch, 1 TL gemahlenen Kümmel und 125 ml lauwarmes Wasser vermengen und mit Folie abdecken. 3 Tage an einem warmen Ort stehen lassen. Am 4. Tag 250 ml lauwarmes Wasser und 150 g Roggenmehl dazugeben, klumpenfrei verrühren und über Nacht wieder warm stellen, wonach er gebrauchsfertig ist. Diese Menge reicht für ca. 1,5 kg Mehl.
- **Sauerteig vom letzten Brotbacken:** etwas Brotteig zur Seite geben, kühlen oder tiefkühlen.
- **Handelsprodukt:** Hier werden verschiedene Formen angeboten (flüssig und trocken). Die Zubereitung erfolgt laut Packungsanleitung.

Tipps zum Brotbacken

- Für das Gelingen des Brotes ist die Qualität des Mehles mitentscheidend, daher nur gute Qualitätsmehle verwenden.
- Der Raum, in dem das Brot zubereitet wird, sollte stets gleichmäßig warm sein.
- Alle Zutaten für den Brotteig sollten Zimmertemperatur haben.

■ Die Flüssigkeitsangaben sind stets Zirkamaße, daher die Flüssigkeit immer nach Bedarf nach und nach zugeben.

■ Die Flüssigkeit darf immer nur lauwarm zum Teig gegeben werden, da bei zu hohen Temperaturen (ab 40 °C) die Gärungsbakterien abgetötet werden.

■ Brotteige vertragen keine Zugluft – zum Gehen an einen warmen Ort stellen und abdecken (es bildet sich dadurch keine trockene Haut).

■ Die Gewürze entfalten ihr Aroma am besten, wenn sie frisch gemahlen sind. Die Angaben in unseren Rezepten beziehen sich immer auf gemahlene Gewürze.

■ Brotteig zuerst kneten, bis die Festigkeit stimmt, und erst danach verschiedene Früchte, Körner oder andere Geschmackszutaten beigeben.

■ Ein Gefäß mit Wasser ins Backrohr stellen, damit das Brot durch den Wasserdampf gut aufgeht und locker wird. Sie können das Brot während des Backvorganges ab und zu mit Wasser besprühen. Bei speziellen Brotbacköfen gibt es eine Schweleinrichtung zum Befeuchten.

■ Hohe Anfangstemperaturen sind wichtig, um eine dünne, knusprige Rinde und saftiges Brot zu erhalten.

■ Klopfprobe: Fertig gebackenes Brot klingt an der Unterseite hohl, wenn man mit dem Finger darauf klopft. Bei dumpfem Klang muss das Brot noch länger gebacken werden.

■ Die Aufbewahrung von Brot und Gebäck sollte in luftigen Behältern bei Zimmertemperatur erfolgen (Brotdose, Stoffsäcke). Bei längerem Aufbewahren ist Einfrieren sinnvoll.

■ Teigmenge für Kleingebäck: ca. 50 g Teig pro Stück.

Unser ABC zum Buch

Abtrieb: Einen Abtrieb stellen Sie her, indem Sie in die flaumig gerührte Butter Staubzucker und nach und nach Dotter oder Eier einrühren.

Backen: Die in den Rezepten angegebenen Temperaturen und Backzeiten beziehen sich auf Ober- und Unterhitze. Möchten Sie mit Heißluft backen, reduzieren Sie die Temperatur um 20 °C.

Blanchieren: Bringen Sie viel Wasser zum Kochen und geben Sie das Gemüse oder das Obst für wenige Minuten hinein. Achten Sie dabei darauf, dass das Wasser so rasch wie möglich wieder kocht! Nach kurzem Aufkochen gießen Sie das Blanchiergut in ein Sieb ab und schrecken es anschließend kurz unter fließendem kaltem Wasser ab bzw. geben es in eine Schüssel mit Eiswasser.

Dämpfen: Garen von Lebensmitteln in Wasserdampf.

Dampfl: Das Dampfl ist ein Vorteig für Germ- oder Brotteige, um eine bessere Treibwirkung zu erreichen. Es wird aus Germ, einer kleinen Menge Mehl, etwas lauwarmer Flüssigkeit und einer Prise Zucker hergestellt. So lange an einem warmen Ort stehen lassen, bis das Dampfl sein Volumen verdoppelt hat.

Estragon: Das pfeffrig schmeckende Gewürz passt zu Gemüse- und Getreidegerichten.

Einkornreis: Wird durch schonendes Schleifen und Polieren von Einkorn hergestellt. Ein Teil der Getreidehülle wird entfernt, um den Kochvorgang abzukürzen.

Emmer: Uralte Weizenform.

Faschiertes: Österreichische Bezeichnung für Hackfleisch.

Gemüsebrühe: Wird mit Wasser und Suppenwürze nach Packungsanleitung zubereitet.

Germ: Österreichische Bezeichnung für Hefe. Für die Rezepte können Sie frische oder getrocknete Hefe verwenden, wenn nicht ausdrücklich vermerkt ist, welche Sie verwenden sollen.

Hafermark: Bezeichnung für besonders kleine Haferflocken.

Inulin: Wichtiger Vertreter präbiotischer Ballaststoffe.

Julienne: Gemüse wird in 1–2 mm dicke und 3–4 cm lange Streifen geschnitten.

Karfiol: Österreichische Bezeichnung für Blumenkohl.

Karotte: Österreichische Bezeichnung für Möhre.

Köcheln: Das Gargut in leicht wallender Flüssigkeit garen.

Kren: In Süddeutschland und Österreich übliche Bezeichnung für Meerrettich.

Liebstöckel: Riecht stark aromatisch und wird auch Maggikraut genannt.

Marille: In Süddeutschland und Österreich übliche Bezeichnung für Aprikose.

Melanzani: Werden auch Auberginen oder Eierfrüchte genannt. Die Früchte sind violett oder grünlich gefärbt und enthalten einen natürlichen Giftstoff, der durch Erhitzen zerstört wird.

Msp.: Abkürzung für Messerspitze. Die Menge passt gerade auf eine Messerspitze und entspricht 3–4 Prisen eines Gewürzes.

Most: Vergorener Apfel- oder Birnensaft.

Natron: Backtriebmittel.

Oregano: Wird auch Wilder Majoran genannt und hat einen feinen, majoranähnlichen Duft.

Piment: Wird auch als Neugewürz bezeichnet und schmeckt wie eine Mischung aus Zimt, Nelken, Muskat und Pfeffer.

Polenta: Bezeichnung für eine italienische Speise aus Maisgrieß. In den Rezepten wird der Begriff als Synonym für Maisgrieß verwendet.

Porree: Österreichische Bezeichnung für Lauch.

Pseudozerealien: Sie gehören botanisch nicht zum Getreide, sind in ihrer Zusammensetzung aber dem Getreide sehr ähnlich und lassen sich darüber hinaus auch so verarbeiten und verwenden. Zu den Pseudozerealien zählen: Amarant, Quinoa und Buchweizen.

Quellen von Getreide: Getreide nach dem Kochen zum Ausquellen auf der ausgeschalteten Herdplatte zugedeckt stehen lassen. Ganze Körner eventuell vor dem Kochen schon ins Wasser geben und im Kühlschrank quellen lassen. Dadurch verkürzt sich die anschließende Garzeit.

Körner kochen: Die Körner waschen und mit der entsprechenden Flüssigkeitsmenge zugedeckt bei schwacher Hitze kochen und anschließend quellen lassen.

Reduzieren: Das intensive Kochen einer Flüssigkeit über einen längeren Zeitraum, um diese mengenmäßig zu verringern. Dadurch wird der Geschmack konzentriert.

Ribisel: Österreichische Bezeichnung für Johannisbeeren.

Rollgerste: Geschliffene Gerste und wird vor allem für Suppen und Eintöpfe verwendet.

Salzwasser: 1 TL Salz in 1 l Wasser geben und dieses aufkochen lassen. Das Wasser sollte leicht salzig schmecken!

Sautieren: Zerkleinerte Lebensmittel in einer Pfanne kurz anbraten oder schwenkend rösten.

Schlagobers: Österreichische Bezeichnung für süße Sahne.

Semmelbrösel: In Österreich gebräuchliche Bezeichnung für Paniermehl.

Stauben: Zum Binden eines Soßengerichtes wird das Mehl mittels eines Siebes zur Speise gegeben. Unter Rühren mit Flüssigkeit aufgießen und kurz verkochen lassen.

Topfen: Österreichische Bezeichnung für Quark.

Untergießen: Wenig Flüssigkeit zum betreffenden Gargut leeren.

Vanillezucker / Vanillinzucker: Vanillezucker ist eine Mischung aus fein verriebenem Zucker und echter Vanille, Vanillinzucker besteht aus Zucker und künstlichem Vanillinaroma.

Wirken: Einen festen Teig (z. B. Brotteig) durchkneten.

Wirsing: In Österreich übliche Bezeichnung für Welschkohl.

Xanthophyll: Gehört zu den sekundären Pflanzenstoffen.

Ysop: Dieses Gewürz hat einen leicht bitteren Geschmack und muss daher vorsichtig dosiert werden.

Zartweizen: Der Weizen ist vorgegart und geschält, dadurch wird die Garzeit verkürzt.

Zerealien (Cerealien): Andere Bezeichnung für Getreide.

Zesten: Sind feine Streifen unbehandelter Orangen, Zitronen und Limetten.

Rezeptteil

Allgemeines …

Gut zu wissen

Wir haben die Rezepte für Sie nach den Getreidearten bzw. Pseudozerealien und deren Produkte alphabetisch geordnet:

Sämtliche Rezepte sind für
4 Personen kalkuliert

Innerhalb der einzelnen Kapitel finden Sie eine Unterteilung der Rezepte in

- Suppen und Suppeneinlagen
- Pikante Hauptspeisen
- Beilagen
- Süße Hauptspeisen
- Kuchen und Desserts
- Brot und Gebäck
- Aufstriche

Getreide können Sie in vielen Bioläden und Reformhäusern schroten oder mahlen lassen.

Bei Rezepten mit nicht gemahlenem Dinkel, Einkorn, Kamut oder Weizen können Sie variieren und nach Wunsch Körner einer anderen Sorten verwenden.

Vergessen Sie nicht, dass Geschmäcker unterschiedlich sind. So können Sie die Rezeptangaben, die natürlich in einem gewissen Rahmen notwendig sind, ganz nach Ihrem eigenen Geschmack abwandeln! Sie können sowohl die Mengen als auch die Zutaten variieren.

Finden Sie in der Zutatenliste als Mengenangaben EL (= Esslöffel) und TL (= Teelöffel), so beachten Sie bitte, dass immer von einem gestrichenen Esslöffel bzw. Teelöffel auszugehen ist!

Ist in einem Rezept Weizenmehl angeführt, so handelt es sich um glattes Weizenmehl.

Bei Massen bis zu 500 g Mehl können Handrührgeräte verwendet werden. Bei größeren Massen und Teigen ist die Küchenmaschine zu empfehlen.

Zum Vorbereiten von Backformen oder Backblechen haben Sie folgende Möglichkeiten:
Backformen mit zerlassenem Fett ausstreichen und mit Mehl oder Semmelbröseln ausstreuen. Backbleche und glatte Formen können natürlich auch mit Backpapier ausgelegt werden.

Ihrer Fantasie und Kreativität sind keine Grenzen gesetzt!

Kulinarisch harmoniert Getreide sehr gut mit Obst und Gemüse. Idealerweise verwenden Sie dieses frisch geerntet. Einen empfehlenswerten Ersatz stellen Tiefkühlprodukte dar. Studien belegen, dass die ernährungsphysiologische Qualität von tiefgekühltem Obst und Gemüse als sehr hoch einzustufen ist. So genanntes „Frischgemüse" hat oft sehr lange Lagerzeiten und Transportwege hinter sich, die den Nährstoffgehalt stark beeinträchtigen können.

Die Mengenangaben für Kräuter beziehen sich immer auf frische Kräuter, es sei denn, im Rezept wird extra auf eine andere Form hingewiesen. Wollen Sie die frischen Kräuter durch getrocknete ersetzen, reduzieren Sie bitte die Menge. 1 Bund Petersilie wiegt ca. 60 g inklusive Stängel, und 1 Bund Schnittlauch wiegt ca. 35 g.

Laibchen formt man am besten mit nassen Händen und legt sie nach dem Braten auf Küchenpapier, damit das überschüssige Fett aufgesaugt wird.

Benötigen Sie für ein Rezept Zitronen- oder Orangenschale, verwenden Sie bitte nur unbehandelte Früchte.

Spülen Sie Hirse vor dem Kochen immer heiß ab, um anhaftende, bitter schmeckende Stoffe zu entfernen.

Die Herstellung von Spätzle bzw. Nockerln kann auf verschiedene Arten erfolgen:

1. Spätzle mit einem Spätzlehobel oder einem Spätzlesieb in das kochende Salzwasser portionieren und kurz kochen lassen. Anschließend abseihen, abschrecken und weiterverarbeiten.
2. Für Nockerln den Teig auf ein feuchtes Brett geben, mit dem Messerrücken Nockerln in das kochende Salzwasser schneiden und 5–10 Minuten kochen lassen. Ebenfalls abseihen, abschrecken und weiterverarbeiten.

In vielen Rezepten wird Kräutersalz verwendet. Sie können dies auch selbst zubereiten, hier ein Rezeptvorschlag:

500 g Speisesalz
je 10 g getrocknete Kräuter (Basilikum, Dill, Petersilie, Oregano und Thymian)

Die Kräuter ganz fein zerreiben und mit dem Salz vermengen. Das Kräutersalz in gut verschließbaren Gläsern trocken aufbewahren. Natürlich kann man auf diese Weise Kräutersalz ganz nach eigenem Geschmack herstellen.

Amarant

Amarant hat eine günstige Eiweißzusammensetzung mit einem hohen Gehalt an Lysin und Methionin. Diese beiden Aminosäuren sind bei Getreide nur in sehr geringer Menge enthalten. Für Vegetarier ist Amarant deshalb eine gute Eiweißquelle. Die winzigen Samen enthalten reichlich Kalzium, Eisen und Zink sowie mit 7 % relativ viel Fett, was die weitere Verarbeitung (Vermahlung) erschwert und die Lagerungsdauer begrenzt.

Die Verwendungsmöglichkeiten von Amarant sind vielfältig. Die Amarantsamen können durch intensive, kurze trockene Hitze (ohne Fettzugabe) gepoppt werden. Gepoppter Amarant weist ein angenehm nussiges Aroma auf und kann entweder direkt verzehrt oder aber auch als Rohstoff für weitere Produkte eingesetzt werden. Die Herstellung von Vollkornmehl erfolgt entweder aus den unbehandelten oder gepoppten Körnern. Amarantkörner lassen sich für Suppen, Aufläufe und Süßspeisen verwenden.

Amarantmehl eignet sich nur begrenzt zum Backen, weil das nötige Klebereiweiß nicht enthalten ist. Eine Beimischung von Amarant zu herkömmlichen Brotmehlen bis zu 20 % der Mehlmenge ist jedoch ohne Volumenverlust möglich; das Beimischen von Amarant erhöht die ernährungsphysiologische Qualität.

Hauptspeisen
Kuchen und Desserts
Brot und Gebäck

Amarantlaibchen (Hauptspeise)

Abb. rechte Seite

100 g Amarant
220 ml Gemüsebrühe
1 kleine Zwiebel
2 Knoblauchzehen
100 g Hartkäse (z. B. Emmentaler)
100 g Schinken
1 Zweig Majoran
100 g Zuckermais
1 Ei
Salz und Pfeffer
30 g Mehl
2 EL Semmelbrösel
Rapsöl zum Braten

Die Gemüsebrühe aufkochen, den Amarant unter Rühren einrieseln lassen und 15 Minuten weich dünsten, anschließend auskühlen lassen. Die Zwiebel und den Knoblauch schälen und fein hacken, den Käse fein reiben, den Schinken in feine Streifen schneiden, den Majoran waschen und fein hacken. Den Amarant mit der Zwiebel, dem Knoblauch, dem Käse, dem Schinken, dem Zuckermais, dem Majoran und dem Ei verrühren, mit Salz und Pfeffer würzen und mit dem Mehl und den Semmelbröseln festigen. Aus der Masse Laibchen formen und beidseitig in Rapsöl braten.

» Unser spezieller Tipp

Servieren Sie zu den Amarantlaibchen eine schmackhafte Kräuterrahmsoße.

Amarant-Dinkel-Teekuchen

50 g Hasel- oder Walnüsse
50 g Schokolade
1 unbehandelte Zitrone
120 g Butter
140 g Staubzucker
4 Dotter
50 g kandierte Früchte oder Rosinen
4 Eiklar
140 g Dinkelvollmehl
1 TL Backpulver
60 g gepoppter Amarant

Die Nüsse und die Schokolade fein hacken. Die Zitrone waschen, abreiben und auspressen. Die Butter flaumig rühren und mit dem Staubzucker und den Dottern schaumig rühren. Die Früchte mit 1 EL des Mehles vermischen und mit der Schokolade, den Nüssen, dem Zitronensaft und der Zitronenschale einrühren. Aus den Eiklar steifen Schnee schlagen. Das restliche Dinkelvollmehl mit dem Backpulver und dem gepoppten Amarant vermischen. Die Mehlmischung und den Schnee vorsichtig unter die Dottermasse heben.

Den Teig in eine vorbereitete Kastenform füllen und im vorgeheizten Backrohr bei 170 °C etwa 40 Minuten backen.

)) Unser spezieller Tipp

Gepoppter Amarant wird häufig als Zutat für Müsli verwendet und findet sich in manchen Geschäften nicht beim Getreide, sondern bei den Frühstückszerealien.

Statt Zitronensaft kann auch Orangensaft, Rum oder Nusslikör verwendet werden.

Amarantbrot mit Dinkel

Den Amarant fein mahlen. Die Germ und den Sauerteig in 200 ml lauwarmem Wasser auflösen und mit den restlichen Zutaten zu einem mittelfesten Teig kneten und ca. 30 Minuten an einem warmen Ort bis zum doppelten Volumen rasten lassen. Den Teig halbieren, jede Hälfte rund wirken und mit dem Schluss nach unten auf ein vorbereitetes Backblech setzen. Die Brotlaibe mit lauwarmem Wasser bestreichen, mit den Amarantkörnern bestreuen und ca. 30 Minuten ruhen lassen. Die Brote vor dem Backen zweimal ca. 1 cm tief einschneiden oder mit einer Gabel mehrmals anstechen. Im vorgeheizten Backrohr bei 240 °C zunächst 3 Minuten backen, anschließend die Hitze auf 190 °C reduzieren und noch ca. 55 Minuten fertig backen.

300 g Amarant
42 g Germ
15 g Sauerteig (trocken)
ca. 700 ml Wasser
550 g Dinkelmehl
150 g Roggenmehl
20 g Salz
1 TL Amarant zum Bestreuen

Amarantbrötchen

Den Amarant fein mahlen und mit dem Dinkelmehl vermischen. Das Mehlgemisch in eine Schüssel geben, in der Mitte ein Grübchen formen, die Germ einbröseln, mit 3 EL lauwarmem Wasser und etwas Mehl verrühren und zugedeckt an einem warmen Ort stehen lassen, bis sich das Volumen der aufgelösten Germ verdoppelt hat. Alle Zutaten zu einem mittelfesten Teig verkneten und ca. 30 Minuten an einem warmen Ort bis zum doppelten Volumen gehen lassen. Den Teig in ca. 60 g schwere Stücke teilen, nach Belieben formen und auf vorbereitete Backbleche geben. Das Ei verquirlen, die Brötchen damit bestreichen und mit Mohn, Sesam oder Leinsamen bestreuen. Nochmals ca. 20 Minuten rasten lassen und im vorgeheizten Backrohr bei 220 °C 5 Minuten backen, die Hitze auf 200 °C reduzieren und noch etwa 15 Minuten fertig backen.

180 g Amarant
300 g Dinkelmehl
25 g Germ
ca. 350 ml lauwarmes Wasser
10 g Salz, 1 EL Rapsöl

1 Ei, Mohn, Sesam, Leinsamen

Buchweizen

Buchweizen war das Grundnahrungsmittel der Mongolen (daher Heidenkorn). Ernährungsphysiologisch betrachtet ist neben dem Reichtum an Spurenelementen besonders die hohe Wertigkeit des Eiweißes zu erwähnen. Sie liegt sogar über der von Fleisch, denn Buchweizen hat eine sehr ausgewogene Zusammensetzung an essenziellen Aminosäuren. Der Gehalt an Rutin, einem sekundären Pflanzenstoff aus der Gruppe der Polyphenole, die als Antikarzinogene und Antioxidantien eine wichtige Rolle im Stoffwechsel zu spielen scheinen, ist noch nicht gänzlich erforscht.

Im Handel wird Buchweizen als geschältes ganzes Korn, in Form von Grütze, Flocken oder Mehl angeboten.

Buchweizen verleiht den Gerichten einen angenehmen, leicht bitteren Geschmack.

Verwenden lässt er sich, wie in Osteuropa noch heute üblich, als Grütze und (bis maximal zur Hälfte mit Weizenmehl gemischt) zum Brotbacken, weiters kann man Müsli oder Teigwaren daraus herstellen.

Überbackene Buchweizennockerln auf Champignons (Hauptspeise)

Abb. rechte Seite

200 g Buchweizen
500 ml Gemüsebrühe
1 große Zwiebel
1/2 Bund Petersilie
Kräutersalz
1 TL Curry
2 Eier
ev. Semmelbrösel
1 große Zwiebel
600 g Champignons
10 g Butter
Kräutersalz, Pfeffer
80 g Schnittkäse (z. B. Gouda)
125 ml Obers
1 Bund Schnittlauch

Die Zwiebel schälen und kleinwürfelig schneiden. Den Buchweizen mit den Zwiebelwürfeln in der Gemüsebrühe kochen, quellen und überkühlen lassen. Die Petersilie waschen und fein hacken. Das Kräutersalz, den Curry, die gehackte Petersilie und die verquirlten Eier unter die lauwarme Buchweizenmasse rühren. Falls die Masse sehr weich sein sollte, etwas Semmelbrösel dazugeben.

Die Zwiebel schälen und in Ringe schneiden. Die Champignons putzen, waschen und in Scheiben schneiden. Die Zwiebelringe in der Butter kurz anschwitzen, die Champignons dazugeben und mit Kräutersalz und Pfeffer abschmecken. Diese Masse in eine vorbereitete Auflaufform füllen.

Aus der Buchweizenmasse mit 2 EL Nockerln formen und auf die Champignonmasse setzen.

Den Käse fein reiben. Das Obers mit dem Käse verrühren, über die Nockerln verteilen und im vorgeheizten Backrohr bei 220 °C ca. 20 Minuten backen. Den Schnittlauch waschen, fein schneiden und die Buchweizennockerln vor dem Servieren damit bestreuen.

Buchweizenauflauf

200 g Buchweizen
400 ml Gemüsebrühe
1/2 Bund Petersilie
1 große Karotte
1 große Zwiebel
100 g Champignons
1 Knoblauchzehe
150 g Hartkäse (z. B. Emmentaler)
3 Eiklar
100 g Butter
3 Dotter
Salz

Den Buchweizen in der Gemüsebrühe kochen, quellen und auskühlen lassen.

In der Zwischenzeit die Petersilie waschen und fein hacken. Die Karotte, die Zwiebel, die Champignons und die Knoblauchzehe putzen bzw. waschen und klein schneiden. Den Käse fein reiben. Aus dem Eiklar mit Salz steifen Schnee schlagen. Die Butter flaumig rühren, die Dotter einzeln beigeben und schaumig rühren. Den Käse, die Petersilie und den ausgekühlten Buchweizen in den Abtrieb einrühren. Den Schnee und das Gemüse unterheben und in eine vorbereitete Auflaufform füllen. Im vorgeheizten Backrohr bei 175 °C ca. 45 Minuten backen.

Heidenkuchen

180 g Mandeln
140 g Butter
4 Dotter
200 g Staubzucker
4 Eiklar
140 g Buchweizenmehl (Heidenmehl)
1/2 Packung Backpulver

Die Mandeln blanchieren, schälen und fein reiben. Die Butter flaumig rühren, mit den Dottern und dem Staubzucker schaumig rühren und die geriebenen Mandeln einrühren. Die Eiklar zu Schnee schlagen. Das Buchweizenmehl mit dem Backpulver vermischen und abwechselnd mit dem Schnee unter den Abtrieb heben. Die Masse in eine vorbereitete Kastenform füllen und im vorgeheizten Backrohr bei 180 °C ca. 50 Minuten backen. Vor dem Portionieren mit Staubzucker bestreuen.

Überbackene Buchweizen-Topfen-Palatschinken

120 g Buchweizenmehl
120 g Dinkelvollmehl
2 Eier
500 ml Mineralwasser
1/2 TL Zucker
1/2 TL Salz
Rapsöl

Fülle
500 g Topfen
5 EL Erdbeermarmelade
4 EL Milch

Guss
375 ml Milch
2 Eier
60 g Zucker

Das Buchweizenmehl, das Dinkelvollmehl, die Eier, das Mineralwasser, den Zucker und das Salz zu einem Palatschinkenteig verrühren und 30 Minuten quellen lassen. Danach in wenig Öl dünne Palatschinken backen.

Für die Fülle den Topfen mit der Erdbeermarmelade und der Milch verrühren. Die ausgekühlten Palatschinken damit bestreichen, einrollen, halbieren und dachziegelartig in eine vorbereitete Auflaufform legen.

Für den Guss die Milch, die Eier und den Zucker verrühren und über die Palatschinken gießen. Im vorgeheizten Backrohr bei 200 °C ca. 30 Minuten backen.

Heidentorte

Die Schokolade fein reiben. Die Dotter mit dem Staubzucker und der Schokolade sehr schaumig rühren. Die Eiklar zu steifem Schnee schlagen und abwechselnd mit dem Buchweizenmehl unter die Dottermasse heben. Die Masse in eine vorbereitete Tortenform füllen und im vorgeheizten Backrohr bei 180 °C ca. 40 Minuten backen.
   Die Ribiselmarmelade glatt rühren. Die Torte auskühlen lassen, einmal durchschneiden und mit zwei Drittel der Ribiselmarmelade füllen. Mit der restlichen Marmelade die Oberfläche dünn bestreichen.

Für die Glasur die Schokolade grob hacken und gemeinsam mit dem Obers schmelzen. Die Torte damit glasieren und vor dem Servieren trocknen lassen.

50 g Kochschokolade
6 Dotter
140 g Staubzucker
6 Eiklar
70 g Buchweizenmehl (Heidenmehl)
300 g Ribiselmarmelade

Glasur
150 g Kochschokolade
125 ml Obers

Buchweizen-schnitten mit Bananenfülle
(ohne Ei)

100 g **Buchweizenmehl**
60 g **Walnüsse**
250 ml **Obers**
150 g **Honig**
50 g **Pfeilwurzelmehl**
oder 30 g **Maisstärke**
2 EL **Kakaopulver**
1/2 **Packung Backpulver**
2 Msp. **Zimt**
125 ml **Milch**

Fülle
1 **Packung Vanille-
puddingpulver**
50 g **Zucker, 1 l Milch**
5 **Blatt Gelatine**
6 **Bananen**
1 **Zitrone (Saft)**

Glasur
80 ml **Obers**
60 g **Butter**
100 g **Edelbitterschoko-
lade**

Die Walnüsse fein reiben. Das Obers schlagen und dabei nach und nach den Honig einrühren. Die geriebenen Walnüsse, das Buchweizenmehl, das Pfeilwurzelmehl (oder die Maisstärke), das Kakaopulver, das Backpulver und den Zimt vermischen und abwechselnd mit der Milch vorsichtig in die Obers-Honig-Masse einrühren. Den Teig auf ein vorbereitetes Backblech 2 cm hoch streichen und im vorgeheizten Backrohr bei 190 °C 20–30 Minuten backen. Anschließend gut auskühlen lassen.

Für die Creme das Puddingpulver mit dem Zucker und ein paar EL Milch verrühren. Die restliche Milch aufkochen, das angerührte Puddingpulver einrühren und 1 Minute unter Rühren kochen. Die Blattgelatine in kaltem Wasser 5 Minuten einweichen, gut ausdrücken und im heißen Pudding unter Rühren auflösen.
Die Bananen schälen, der Länge nach halbieren und mit Zitronensaft beträufeln. Anschließend auf dem Kuchen verteilen und die noch warme Puddingmasse darübergießen. 1–2 Stunden kalt stellen.

Für die Glasur das Obers aufkochen und die Butter sowie die Schokolade darin schmelzen. Die Glasur auf der erkalteten Creme verteilen und fest werden lassen.

Buchweizen-Champignon-Aufstrich

Die Champignons putzen, waschen und fein hacken. Die Zwiebel schälen und fein hacken. Den Buchweizen in der Gemüsebrühe 10 Minuten kochen. Die Champignons und die Zwiebel zu den Buchweizenkörnern geben, fertig garen und auskühlen lassen.

In der Zwischenzeit den Schnittlauch waschen und fein schneiden. Die Butter flaumig rühren und die ausgekühlte Buchweizenmasse untermengen. Mit Kräutersalz würzen und mit Schnittlauch bestreuen.

125 g Buchweizen
300 ml Gemüsebrühe
200 g Champignons
1 Zwiebel
1/2 Bund Schnittlauch
100 g Butter
1/2 TL Kräutersalz

» Unser spezieller Tipp

Besonders herzhaft schmeckt dieser Aufstrich mit dem „Schnellen Vollkornbrot" von Seite 153.

Buchweizen-Dinkel-Salat mit Mozzarella

Den Dinkel und den Buchweizen getrennt in Gemüsebrühe kochen, quellen und auskühlen lassen.

In der Zwischenzeit die Gurke gründlich waschen, ev. schälen und kleinwürfelig schneiden. Die Paprikaschote waschen, putzen und in feine Streifen schneiden. Die Zwiebeln schälen und in Ringe schneiden. Den Schinken in feine Streifen schneiden.

Die ausgekühlten Getreidekörner mit den zerkleinerten Zutaten vermengen.

Den Schnittlauch waschen und klein schneiden. Aus dem Essig, dem Öl, dem Wasser, dem Salz und dem Pfeffer eine Marinade zubereiten und mit der Getreide-Gemüse-Schinken-Mischung vermengen. Den Mozzarella in kleine Würfel schneiden. Danach den Getreidesalat mit den gewaschenen, trocken getupften Blattsalaten anrichten und mit dem Mozzarella und dem Schnittlauch bestreuen.

50 g Dinkel
100 ml Gemüsebrühe
50 g Buchweizen
100 ml Gemüsebrühe
1 mittelgroße Gurke
1 roter Paprika
2 kleine Zwiebeln
100 g Schinken
1 Bund Schnittlauch
1 EL Kräuteressig
2 EL Maiskeimöl
1 TL Wasser
Salz und Pfeffer
150 g Mozzarella
Blattsalate der Saison

Bulgur

Bulgur (Weizengrütze) ist im Vorderen Orient ein traditionelles Nahrungsmittel, das wie Reis oder als Salat verzehrt wird.

Bulgur wird hauptsächlich aus Hartweizen hergestellt. Hartweizen wird vorgekocht, getrocknet und anschließend wird die Kleie abgetrennt. Danach wird das Korn grob oder fein geschnitten. Durch die Vorbehandlung hat Bulgur eine sehr kurze Garzeit.

Bulgursalat

Abb. rechte Seite

150 g Bulgur
300 ml Gemüsebrühe
1 kleine Stange Porree
1 Gurke
200 g Tomaten
1 kleine Zwiebel
1 Knoblauchzehe
100 g Schnittkäse (z. B. Edamer)
2 Zitronen
6 EL Olivenöl
4 Blätter frisches Basilikum
1/2 Bund Petersilie
1/2 Bund Schnittlauch
Salz und Pfeffer

Den Bulgur mit der Gemüsebrühe aufkochen und quellen lassen, bis er gar ist.

In der Zwischenzeit den Porree putzen, der Länge nach aufschneiden, unter fließendem Wasser Schicht für Schicht waschen und in feine Ringe schneiden. Die Gurke waschen, schälen, der Länge nach halbieren und in dünne Scheiben schneiden. Die Tomaten waschen und in dünne Spalten schneiden. Die Zwiebel und die Knoblauchzehe schälen und fein hacken. Den Käse in kleine Würfel schneiden.

Die Zitronen auspressen, mit dem Öl, dem Knoblauch und der Zwiebel vermengen. Das Basilikum, die Petersilie und den Schnittlauch waschen und fein schneiden und in die Zitronensaft-Öl-Marinade mischen.

Den noch warmen Bulgur mit der Marinade vermengen, 15 Minuten ziehen lassen, das Gemüse und den Käse dazu geben und mit Salz und Pfeffer abschmecken.

Couscous

Couscous ist ein Grundnahrungsmittel der nordafrikanischen Küche. Er wird aus Hartweizengrieß hergestellt, der angefeuchtet, zu kleinen Kügelchen geformt und getrocknet wird. Heute wird Couscous industriell hergestellt und meist vorgegart und nochmals getrocknet im Handel angeboten.

Hauptspeisen
Beilagen
Salate

Couscous findet als Hauptgericht, Beilage, Salat und auch für Süßspeisen Verwendung

Couscous-Rouladen mit glacierten Pilzen (Hauptspeise)
Abb. rechte Seite

Fülle
300 g Couscous
1 Knoblauchzehe
1 roter Paprika
1 grüner Paprika
1 EL Olivenöl
300 ml Wasser
Salz und Pfeffer

Den Knoblauch schälen und fein hacken. Die Paprikaschoten waschen, putzen, in kleine Würfel schneiden und im Olivenöl anschwitzen. Mit dem Wasser aufgießen, aufkochen lassen und mit dem Salz, dem Pfeffer und dem zerkleinerten Knoblauch würzen. In der Zwischenzeit den Couscous in eine große Schüssel geben, mit diesem Sud übergießen und ca. 10 Minuten quellen lassen.

Vom Wirsingkopf 8 große Blätter ablösen, waschen und blanchieren. Die ganzen Wirsingblätter auf der Arbeitsfläche auflegen und die groben Rippen mit dem Messer flach drücken. Den Couscous auf den Blättern gleichmäßig verteilen, die seitlichen Blattränder einschlagen und eng aufrollen.

Rouladen
1 Wirsing (Welschkohl)
40 g Hamburgerspeck
(dünn aufgeschnitten)
60 ml Gemüsebrühe

Die Rouladen mit der „Naht" nach unten in eine vorbereitete Auflaufform eng einlegen, mit dünnen Speckscheiben belegen, mit der Gemüsebrühe untergießen und im vorgeheizten Backrohr ca. 20 Minuten garen.

Glacierte Pilze
400 g Champignons
30 g Butter
Salz und Pfeffer
1 Prise Cayennepfeffer
100 ml Weißwein
1/2 Bund Petersilie
125 ml Obers

In der Zwischenzeit die Champignons putzen und waschen. Die kleinen Champignons halbieren, die größeren vierteln und kurz in der Butter anschwitzen. Nach Geschmack mit Salz, Pfeffer und Cayennepfeffer würzen und mit dem Weißwein ablöschen. Den Weißwein etwas einkochen lassen. Die Petersilie waschen und fein hacken, und mit dem Obers die Soße verfeinern. Die Rouladen aus dem Rohr nehmen und mit den Pilzen anrichten.

》 Unser spezieller Tipp

Ohne Speck schmeckt dieses Gericht auch für Vegetarier vorzüglich. Eine optimale Verwendung für den restlichen Wirsing bietet das Rezept „Einkornrisotto mit Rahmwirsing" auf Seite 73.

Couscous mit gebratenem Hendl und Gemüse

1 ganzes Hendl
1 Zitrone
1 Rosmarinzweig
2–3 Knoblauchzehen

300 g Couscous
1 Prise Piment
etwas Kreuzkümmel
Salz und Pfeffer
1 Stange Zimt

1 Hand voll Pinienkerne
1–2 Melanzani
1 Hand voll getrocknete
Früchte (Datteln,
Marillen ...)

2 Frühlingszwiebeln zum
Garnieren

Das Hendl mit der angeritzten Zitrone, dem Rosmarinzweig und einigen Knoblauchzehen füllen, in einen Römertopf (oder in Alufolie gewickelt in eine Bratform) geben. Im Backrohr ca. 1 1/2 Stunden garen, dabei tritt viel Hendl- und Zitronensaft aus.

Wenn das Hendl gar ist, die Zitrone aus dem Hendl entfernen, aufschneiden und den restlichen Saft auspressen, zum entstandenen Bratensaft geben und diesen mit einer Prise Piment, etwas Kreuzkümmel, Salz und Pfeffer sowie der Zimtstange aufkochen. Darin den Couscous ziehen lassen.

Inzwischen das Hendlfleisch von den Knochen lösen und in Streifen schneiden, die Pinienkerne rösten.

Die Melanzani in Scheiben schneiden und am Backblech grillen, danach die gegrillten Melanzani in Würfel schneiden.

Die getrockneten Früchte ebenfalls klein schneiden.

Alles mit dem würzigen Couscous vermischen und eine Weile ziehen lassen.

Vor dem Servieren mit klein geschnittenen Frühlingszwiebeln garnieren.

» Unser spezieller Tipp

Dazu passt grüner Salat sehr gut.

Couscous mit Mandelstiften

200 g Couscous
220 ml Gemüsebrühe
1 Prise Cayennepfeffer
2 EL Distelöl
1 Knoblauchzehe
Salz und Pfeffer
5 Blätter Basilikum
50 g Mandelstifte

Die Gemüsebrühe mit Pfeffer und Cayennepfeffer würzen und mit dem Distelöl aufkochen. Unter Rühren den Couscous hinzugeben und nochmals aufkochen lassen. Von der Herdplatte nehmen und zugedeckt ca. 5 Minuten ziehen lassen. Den Knoblauch schälen, fein hacken, zur Couscousmasse geben und mit Salz und Pfeffer abschmecken. Die Basilikumblätter waschen und in feine Streifen schneiden. Die Mandelstifte in einer Pfanne ohne Fett trocken anrösten. Die Couscous-Masse mit den Basilikumstreifen und den gerösteten Mandelstiften vermischen.

» Unser spezieller Tipp

Überraschen Sie Ihre Gäste mit einer nicht alltäglichen Beilage. Servieren Sie statt Reis Couscous. Dieses Gericht eignet sich sehr gut als Beilage für Geflügelgerichte mit Soße sowie für zarten Lammrücken.

Couscoussalat mit Schafkäse

Das Salzwasser zum Kochen bringen, den Couscous damit übergießen und ca. 5 Minuten quellen lassen. Es empfiehlt sich, den Couscous während der Quellzeit mit einer Gabel mehrmals aufzulockern.

Die Tomaten waschen, halbieren, entkernen und klein würfeln. Die Zwiebel schälen und in feine Streifen schneiden. Den Knoblauch schälen und fein hacken. Die Minzeblätter waschen und grob hacken. Den Schafkäse in kleine Würfel schneiden.

Den Essig mit Koriander, Salz, Pfeffer und dem Öl verrühren. Die Tomatenwürfel, den gehackten Knoblauch, die Zwiebelstreifen und den Couscous mit der Marinade verrühren. Anschließend den Schafkäse, die Minze und die Erdnüsse locker unterheben. Am besten schmeckt der Salat, wenn er vor dem Servieren noch kurz durchziehen kann.

400 g Couscous
400 ml Salzwasser
3 mittelgroße Tomaten
1 große Zwiebel
2 Knoblauchzehen
3 Blätter Pfefferminze
100 g Schafkäse
3 EL Weißweinessig
1/2 TL Korianderpulver
Salz und Pfeffer
3 EL Olivenöl
2 EL ungesalzene Erdnüsse

Couscous mit Orangen

Das Wasser aufkochen lassen. Topf vom Herd ziehen, Couscous einrühren und 5 Minuten quellen lassen. Inzwischen die Orangen schälen, Kerne und möglichst viel von der weißen Haut entfernen. Das Fruchtfleisch in mundgerechte Stücke schneiden. Couscous kurz durchrühren. Mandeln, Zimt und Sahne untermischen. Die Orangen unterheben.

200 ml Wasser
6 EL Couscous
2 Orangen
2 TL gemahlene Mandeln
1 Prise Zimt
60 g Sahne

Dinkel

Dinkel liefert ein wertvolles, eiweißreiches Mehl mit hohem Klebergehalt. Dinkelmehl vermag Wasser gut zu binden und ist daher sehr gut für die Zubereitung von Spätzle geeignet. Backwaren mit hohem Anteil von Dinkelmehl zeichnen sich durch einen besonders aromatischen Geschmack aus und bleiben länger frisch.

Suppen

Hauptspeisen

Süße Hauptspeisen

Beilagen

Kuchen und Desserts

Brot und Gebäck

Forelle im Dinkelbierteig mit Wurzelgemüse (Hauptspeise)

Abb. rechte Seite

Dinkelbierteig
100 g Dinkelvollmehl
1 Dotter, 125 ml Bier
1 Prise Salz,
1 Prise Zucker
10 g Butter, 1 Eiklar

Wurzelgemüse
1 Karotte
1 gelbe Rübe
150 g Sellerieknolle
1 kleine Porreestange
10 g Butter
Salz und Pfeffer

4 Forellenfilets
Salz
10 g Weizenmehl
1/2 Bund Petersilie
Rapsöl zum Backen

Das Dinkelvollmehl mit dem Dotter und dem Bier glatt rühren und mit Salz und Zucker würzen. Die Butter zerlassen, in den Bierteig einrühren und 20 Minuten quellen lassen. Das Eiklar zu steifem Schnee schlagen und unter den Teig heben.

In der Zwischenzeit die Karotte, die gelbe Rübe und den Sellerie waschen, schälen und in feine Streifen schneiden. Den Porree der Länge nach aufschneiden, unter fließendem Wasser Schicht für Schicht waschen und in feine Streifen schneiden. Das Gemüse in wenig Salzwasser dünsten, abgießen und unter fließendem kaltem Wasser abschrecken. In einer Pfanne die Butter erhitzen und die Gemüsestreifen darin schwenken. Nach Geschmack mit Salz und Pfeffer würzen und warm stellen.

Einen breiten Topf mit reichlich Rapsöl erhitzen. Die Forellenfilets mit Salz würzen, in Mehl wenden und durch den Dinkelbierteig ziehen. Danach sofort im heißen Öl schwimmend beidseitig backen, bis der Teig eine goldbraune Farbe angenommen hat, und auf Küchenpapier abtropfen lassen. Die Forellenfilets sofort mit dem Gemüse anrichten und mit der gehackten Petersilie bestreuen.

Dinkelgrießnockerln

80 g Dinkelgrieß
40 g Butter
1 Ei, Salz
1 Prise Muskat

Die Butter flaumig rühren und die übrigen Zutaten untermengen. Die Masse 30–60 Minuten rasten lassen und anschließend Nockerln formen. Diese in kochendes Salzwasser einlegen, 10 Minuten kochen und anschließend 10 Minuten ziehen lassen. Eventuell nach den ersten 10 Minuten eine Tasse kaltes Wasser nachgießen.

Gemüsesuppe mit Dinkel

4 EL feiner Dinkelschrot
1 kleine Zwiebel
2 EL Olivenöl
1 l Gemüsebrühe
200 g Sellerie
1/2 Bund Petersilie
3 Blätter Liebstöckel, Salz

Die Zwiebel schälen, fein hacken und im Öl leicht anrösten. Den Dinkelschrot unter ständigem Rühren dazugeben und leicht anschwitzen. Mit der Gemüsebrühe aufgießen, die Hitze reduzieren und zugedeckt ca. 5 Minuten kochen lassen. In der Zwischenzeit den Sellerie waschen, schälen und fein reiben. Die Petersilie und den Liebstöckel waschen und fein hacken. Alles in die Suppe geben und mit Salz nach Geschmack würzen.

Saure Dinkelsuppe

70 g Dinkelflocken
1 l Gemüsebrühe
1 große Karotte
150 g Pastinak- oder Petersilwurzel
2 Knoblauchzehen
1 EL Maiskeimöl
1/2 TL Apfelessig
1/2 Bund Schnittlauch
4 TL Sauerrahm

Das Wurzelgemüse waschen, schälen und in sehr feine Streifen schneiden. Den Knoblauch schälen und fein hacken. Die Gemüsebrühe in einem Topf aufkochen lassen und die Dinkelflocken, den Knoblauch und die Gemüsestreifen ca. 5 Minuten kochen lassen. Danach das Öl und den Essig dazugeben. Den Schnittlauch waschen und fein schneiden. Vor dem Servieren pro Portion 1 TL Sauerrahm auf die Suppe setzen und mit dem Schnittlauch bestreuen.

Dinkel-Cremesuppe

80 g Dinkelvollmehl
1 l Gemüsebrühe
40 g Butter
4 EL Sauerrahm
2 EL Weißwein
2 EL gehackte Kräuter,
(z. B. Schnittlauch, Liebstöckel, Petersilie)

Die Gemüsebrühe aufkochen, das Dinkelmehl unter Rühren einrieseln lassen und 5 Minuten köcheln. Dabei gelegentlich umrühren. Die Butter dazugeben. Den Sauerrahm mit dem Weißwein verquirlen und mit den Kräutern in die Suppe einrühren.

Dinkel-Karotten-Laibchen

Das Wasser mit Salz aufkochen, die Dinkelflocken hineingeben und ca. 5 Minuten kochen lassen, bis sämtliche Flüssigkeit aufgenommen ist. In der Zwischenzeit die Petersilie waschen und fein hacken. Die Karotten waschen, schälen und fein raspeln. Die Erdäpfel dämpfen, schälen und durch die Erdäpfelpresse drücken. Die Schalotte und den Knoblauch schälen, fein hacken und in 1 EL Olivenöl anschwitzen. Die geraspelten Karotten dazu geben und kurz mitrösten, danach abkühlen lassen. Diese Mischung mit den Dinkelflocken, der gehackten Petersilie, den Eiern, den zerdrückten Erdäpfeln und 2 EL Semmelbröseln gut verkneten und mit Salz, Pfeffer und Muskatnuss würzen. Aus der Masse mit nassen Händen 12 Laibchen formen und in den restlichen Semmelbröseln wenden. Das restliche Olivenöl in einer weiten Pfanne erhitzen, und die Laibchen darin auf beiden Seiten goldbraun braten.

150 g Dinkelflocken
300 ml Wasser
1/2 Bund Petersilie
2 Karotten
200 g mehlige Erdäpfel
1 Schalotte
1 Knoblauchzehe
4 EL Olivenöl
2 Eier
3 EL Semmelbrösel
Salz und Pfeffer
1 Prise Muskatnuss, gerieben

❯❯ Unser spezieller Tipp

Ein besonders delikates Gericht erhalten Sie, wenn Sie die Laibchen mit Blattsalaten servieren. Mischen Sie diverse Blattsalate nach Lust und Laune und bereiten Sie diese mit einer einfachen Essig-Öl-Marinade zu, der Sie etwas Zitronensaft beigeben.

Dinkelcannelloni mit Grünkernfülle auf Tomaten-Concassée

300 g Dinkelmehl
2 Eier
4–5 EL Wasser, Salz
150 g Grünkernschrot
1 Zwiebel
40 g Butter
400 ml Wasser
1 Msp. gem. Kümmel,
2 TL gerebelter Majoran
1 EL gerebelter Thymian
150 g Zucchini
150 g Champignons

Concassée
3 Tomaten
1 Zweig Thymian
1 Zweig Oregano
1 kleiner Zweig Rosmarin
1 kleine Zwiebel
1 Knoblauchzehe
20 g Butter
Pfeffer
100 g Parmesan

Aus dem Dinkelmehl, den Eiern, dem Wasser und etwas Salz einen geschmeidigen Nudelteig kneten. Den Teig in Frischhaltefolie wickeln und 30 Minuten rasten lassen. In einem breiten Topf reichlich Salzwasser aufkochen. Den Nudelteig ausrollen und in gleich große Rechtecke (ca. 12 x 16 cm) schneiden. Jeweils 2–3 dieser Rechtecke im sprudelnden Wasser 2 Minuten vorkochen, unter fließendem kaltem Wasser abschrecken. Auf ein sauberes Geschirrtuch auflegen.

Für die Grünkernfülle die Zwiebel schälen, fein schneiden und in Butter glasig anschwitzen. Den Grünkernschrot dazugeben und so lange rösten, bis er zu duften beginnt. Mit dem Wasser aufgießen, mit Kümmel, Majoran und Thymian würzen und ausquellen lassen. Die Zucchini waschen und in feine Streifen schneiden. Die Champignons putzen, waschen und sehr fein hacken. Beides zum Grünkernschrot geben, unterrühren und abschmecken.

Für das Tomaten-Concassée in einem Topf Wasser zum Kochen bringen. Die Tomaten waschen, blanchieren und die Haut abziehen. Danach halbieren, entkernen und in ca. 1 cm große Würfel schneiden. Die Kräuter waschen und fein hacken. Die Zwiebel und den Knoblauch schälen, fein hacken und in der Butter anschwitzen. Die Tomatenwürfel dazugeben und mit Pfeffer und den Kräutern abschmecken.

Die Grünkernfülle auf die Teigrechtecke verteilen und eng zu Röllchen formen. Die Cannelloni in einer vorbereiteten Bratform auf das Tomaten-Concassée setzen. Den Parmesan reiben, die Cannelloni damit bestreuen und im vorgeheizten Backrohr bei 200 °C ca. 20 Minuten backen.

» Unser spezieller Tipp

Wenn Sie Zeit sparen möchten, verwenden Sie fertige Cannelloni und anstelle des Tomaten-Concassées Tomatenscheiben.

Gratinierte Vollkornspätzle

Die Petersilie waschen und fein hacken. Das Dinkelvollmehl mit dem Weizengrieß, den Eiern, dem Wasser, 2 EL Rapsöl, der Petersilie und einer Prise Salz zu einem Teig verrühren und mindestens 30 Minuten rasten lassen.

In der Zwischenzeit den Brokkoli putzen, in kleine Röschen teilen, waschen und in reichlich Salzwasser blanchieren, danach unter fließendem kaltem Wasser abschrecken. Die Champignons putzen, waschen und je nach Größe vierteln oder halbieren. In einer Pfanne die Butter etwas aufschäumen lassen, die Champignons hineingeben und kurz anschwitzen. Das Obers dazugießen und kurz einkochen lassen, dann die Brokkoliröschen zugeben.

In einem großen Topf viel Salzwasser aufkochen lassen und mit einem Spätzlesieb den Dinkelteig hinzufügen. Wenn die Spätzle an der Oberfläche schwimmen, noch kurz köcheln lassen, dann die Spätzle mit einem Siebschöpfer herausnehmen und unter fließendem kaltem Wasser abschrecken. Um zu verhindern, dass die Spätzle zusammenkleben, vorsichtig 1 EL Rapsöl untermischen.

Den Käse fein reiben. Die gegarten Spätzle in eine vorbereitete Auflaufform geben, mit der Champignon-Brokkoli-Masse bedecken und mit dem Käse bestreuen. Im Backrohr bei 200 °C ca. 15 Minuten goldgelb gratinieren.

200 g Dinkelvollmehl
1/2 Bund Petersilie
200 g Weizengrieß
2 Eier
ca. 250 ml Wasser
3 EL Rapsöl

500 g Brokkoli
400 g Champignons
10 g Butter
250 ml Obers
100 g Hartkäse (z. B. Parmesan)
Salz und Pfeffer

Apfelnockerln mit Walnüssen

240 g Dinkelvollmehl
60 g Grünkern
210 ml Wasser
3 Eier
1 Prise Salz

800 g Äpfel
1 Zitrone
50 g Butter
60 g Walnüsse
Zucker oder Honig
Zimt

Den Grünkern fein mahlen. Das Dinkelvollmehl, das Grünkernmehl, das Wasser, die Eier und das Salz zu einem Teig verrühren und ca. 30 Minuten rasten lassen.

Wasser zum Kochen bringen, aus dem Teig Nockerln formen (mit Spätzlesieb oder wie beim Rezept „Einkorn-Nockerln mit Ei und Speck" S. 70) und diese 5–7 Minuten im Wasser ziehen lassen. Die Nockerln aus dem Wasser nehmen, mit kaltem Wasser abspülen.

Die gewaschenen Äpfel schälen, vom Kerngehäuse befreien und in dünne Stifte schneiden. Die Zitrone auspressen und die Apfelstifte mit dem Zitronensaft vermengen.

Die Walnüsse reiben, in der Butter kurz rösten, die Äpfel zugeben und ein paar Minuten mitdünsten. Mit dem Zucker oder dem Honig nach Belieben süßen, etwas Zimt darunter mischen und die Nockerln dazugeben. Die Apfelnockerln sofort servieren.

» Unser spezieller Tipp

Verwenden Sie, wenn möglich, säuerliche Äpfel zu diesem Gericht.

Marillenknödel in Nussbröseln

Die Butter mit dem Salz flaumig rühren, das Ei, den Weizengrieß und den Topfen einrühren. Dann das Dinkelvollmehl einmengen und 30 Minuten kühl rasten lassen. Den Teig zu einer Rolle formen und in 10–12 gleich große Portionen teilen. Die Marillen waschen, trocken tupfen und gleichmäßig mit den Teigportionen umschließen. In einem Topf Wasser zum Kochen bringen, salzen und die Knödel ca. 10–15 Minuten darin ziehen lassen.

Die Hälfte der Haselnüsse reiben, die andere Hälfte hacken. In einer Pfanne die Butter schmelzen lassen, die Semmelbrösel, den Zucker und die Nüsse darin goldgelb rösten und mit dem Zimt verfeinern.

Die Knödel aus dem Wasser nehmen und in dem Bröselgemisch wälzen. Vor dem Servieren eventuell mit Staubzucker bestreuen.

» Unser spezieller Tipp

Geben Sie den Nussbröseln mit ein paar Tropfen Haselnuss- oder Marillenkernöl ein exquisites Aroma.
Selbstverständlich können Sie die Knödel auch mit anderem Obst zubereiten. Dabei empfiehlt es sich, regionales Obst der Saison zu verwenden, da dieses den Knödeln eine besondere fruchtige Süße verleiht.

Knödel
70 g Dinkelvollmehl
70 g Butter
1/2 TL Salz
1 Ei
70 g Weizengrieß
250 g Topfen

Fülle
10–12 Marillen

Nussbrösel
50 g Haselnüsse
60 g Butter
120 g Semmelbrösel
60 g Zucker
1 Prise Zimt

Feiner Dinkel-Pfirsichkuchen

1 kg vollreife Pfirsiche

110 g Dinkelvollmehl
110 g Weizenmehl
1 unbehandelte Zitrone
220 g Butter
120 g Staubzucker
2 Packungen Vanillezucker
40 g Maisstärke
6 Dotter
6 Eiklar
120 g Kristallzucker
1 Prise Salz
1/2 Packung Backpulver

Staubzucker zum Bestreuen

Die Pfirsiche in siedendem Wasser einige Sekunden lang überbrühen, sofort in kaltes Wasser legen und die Haut abziehen. Anschließend halbieren, entkernen und in dicke Spalten schneiden.

Die Zitrone waschen und die Schale abreiben. Die Butter mit dem Staubzucker, dem Vanillezucker, der Zitronenschale und der Maisstärke flaumig rühren. Nach und nach die Dotter zugeben und sehr schaumig rühren. Das Eiklar mit dem Kristallzucker und dem Salz zu Schnee schlagen. Das Dinkelvollmehl und das Weizenmehl mit dem Backpulver vermischen und mit dem Schnee vorsichtig unter die Buttermasse heben. Die Masse auf ein mit Backpapier ausgelegtes Backblech gleichmäßig ca. 2 cm hoch streichen und mit den Pfirsichen belegen. Im vorgeheizten Backrohr bei 180 °C 40–50 Minuten backen, auskühlen lassen und vor dem Servieren mit Staubzucker bestreuen.

》 Unser spezieller Tipp

Die Haut der Pfirsiche muss nicht unbedingt entfernt werden.
Der Teig eignet sich auch für Marillen-, Zwetschken- und Rhabarberkuchen.

Dinkelbrot

Alle trockenen Zutaten vermengen und mit der Flüssigkeit zu einem sehr glatten Teig kneten. Diesen in eine vorbereitete Kastenform geben, mit einer Gabel mehrmals anstechen, in das kalte Backrohr geben und bei 200 °C ca. 1 Stunden backen. Bis die Backrohrtemperatur erreicht ist, hat das Brot ausreichend Zeit zum Gehen und verkürzt so die Arbeitszeit.

500 g Dinkelvollmehl
1 Packung Trockengerm
2 EL Sonnenblumenkerne
2 EL Leinsamen, 1 EL Salz
1 EL Brotgewürz (Anis, Fenchel, Koriander, Kümmel)
400 ml Flüssigkeit (Wasser, Wasser/Bier, Wasser/Milch)

Joghurtweckerln

Das Mehl in einer Schüssel vermischen, in der Mitte ein Grübchen formen, die Germ einbröseln, mit dem lauwarmen Wasser und etwas Mehl verrühren und zugedeckt an einem warmen Ort stehen lassen, bis sich das Volumen der aufgelösten Germ verdoppelt hat. Alle Zutaten zu einem geschmeidigen Teig kneten und ca. 30 Minuten an einem warmen Ort bis zum doppelten Volumen gehen lassen. Aus dem Teig Weckerln formen und am vorbereiteten Backblech nochmals gehen lassen. Das Ei verquirlen, die Weckerln damit bestreichen, mit dem Sesam bestreuen und im vorgeheizten Backrohr bei 200 °C ca. 20 Minuten backen.

400 g Dinkelvollmehl
200 g Weizenmehl, griffig
42 g Germ
60 ml lauwarmes Wasser
500 ml Joghurt
1 Ei
4 EL Sonnenblumenöl
1 TL Salz

1 Ei (zum Bestreichen)
Sesam

❯❯ Unser spezieller Tipp

Die Joghurtweckerln schmecken frisch am besten. Wenn Sie sie nicht am gleichen Tag verzehren, empfehlen wir, die Weckerln einzufrieren.

Knäckebrot

300 g Dinkelvollmehl
40 g Butter
230 ml Milch
1 TL Salz
30 g Sesam
30 g Leinsamen

Die Butter schmelzen. Das Mehl, die Milch, die zerlassene Butter und das Salz ca. 10 Minuten durchkneten. Anschließend 15 Minuten ruhen lassen. Den Sesam und den Leinsamen zugeben und nochmals gründlich durchkneten. Danach den Teig in 3 Stücke teilen und jedes Stück zwischen zwei Bögen Backpapier sehr dünn ausrollen. Den dünn ausgerollten Teig in kleine Quadrate schneiden und diese mit einer Gabel mehrmals einstechen. Die Quadrate auf ein vorbereitetes Backblech bei 200 °C ca. 15 Minuten backen.

» Unser spezieller Tipp

Das Knäckebrot schmeckt auch mit Weizenvollmehl vorzüglich.

Pikanter Dinkelaufstrich

50 g Dinkel
50 g Grünkern
250 ml Gemüsebrühe
100 g Porree
4 Blätter Basilikum
130 g Butter
Salz und Pfeffer

Den Dinkel und den Grünkern mittelgrob schroten. Das geschrotete Getreide in einer Pfanne ohne Fett rösten, bis es zu duften beginnt. Mit der Gemüsebrühe aufgießen, aufkochen und ca. 15 Minuten köcheln. Den Topf vom Herd nehmen, zugedeckt noch etwa 10 Minuten quellen und überkühlen lassen. Den Porree putzen, der Länge nach aufschneiden, unter fließendem Wasser Schicht für Schicht waschen und in feine Streifen schneiden. Das Basilikum waschen und fein hacken. Die Butter flaumig rühren, den Getreideschrot, den Porree, das Basilikum einrühren und mit dem Salz und dem Pfeffer abschmecken.

Dinkelkräcker

Die Butter zerlassen, mit den übrigen Zutaten zu einem glatten Teig verkneten und bei Zimmertemperatur ca. 30 Minuten rasten lassen. Den Teig dünn ausrollen und in kleine Rechtecke schneiden oder Formen ausstechen. Auf ein vorbereitetes Backblech legen, mit Wasser bestreichen, mit einer Gabel mehrmals anstechen und im vorgeheizten Backrohr bei 180 °C ca. 20 Minuten backen.

250 g Dinkelvollmehl
50 g Butter
125 ml Milch
1 TL Kräutersalz
2 EL getrocknete Kräuter der Provence

Dinkelsprossensalat

Aus den Dinkelkörnern Dinkelsprossen ziehen (siehe Kapitel Keime, Seite 29f.).

Die Gemüsebrühe aufkochen und die Sprossen hineingeben. Nochmals aufkochen und dann abseihen. Dabei muss die Gemüsebrühe unbedingt aufgefangen werden. Die Sprossen in eine Schüssel geben. 2 EL von der Gemüsebrühe für die Salatsoße mit dem Senf, dem Salz, dem Pfeffer, dem Ahornsirup, dem Essig und dem Öl vermengen.

Den Friseesalat waschen und zerkleinern. Den Fenchel putzen, waschen und in Streifen schneiden. Die Orange und die Karotten schälen, waschen und in kleine Stücke bzw. Stifte schneiden. Den dabei austretenden Orangensaft in die Salatsoße rühren.

Alle Zutaten zu den Sprossen in die Schüssel geben und gut mit der Salatsoße vermischen. Mit Schnittlauchröllchen garnieren.

50 g Dinkel
200 ml Gemüsebrühe
1 TL Senf
Salz
Pfeffer, weiß
1/2 TL Ahornsirup oder Honig
2 EL Apfelessig
3 EL Rapsöl
200 g Friseesalat
1 Fenchelknolle
1 Orange
2 Karotten
1 Bund Schnittlauch

Einkorn

Einkorn ist eine alte Weizensorte, die einen höheren Eiweißgehalt und höheren Gehalt an Carotinoiden zeigt. Der Klebergehalt ist jedoch niedriger und von schlechterer Qualität als der von Weizen, weshalb es sich zum Backen weniger eignet.

Suppen
Hauptspeisen
Kuchen und Desserts

Einkorn-Nockerln mit Ei und Speck (Hauptspeise)
Abb. rechte Seite

200 g Einkorn
100 ml Milch
1 Ei
1/2 TL Salz

1 Zwiebel
1 Bund Petersilie
200 g Bauchspeck
20 g Butter
2 Eier

Das Einkorn fein mahlen und mit der Milch, dem Ei und dem Salz zu einem Teig verrühren und ca. 30 Minuten rasten lassen. In der Zwischenzeit die Zwiebel schälen und fein hacken. Die Petersilie waschen und fein hacken. Den Speck in dünne Streifen schneiden. Die Speckstreifen und die Zwiebelstücke in der heißen Butter rösten.

In einem großen Topf reichlich Salzwasser zum Kochen bringen, den Teig auf ein nasses Brett geben und mit einem Messerrücken Nockerln abstechen, direkt ins Wasser gleiten und darin 5 Minuten köcheln lassen. Die Nockerln abseihen und zum Zwiebel-Speck-Gemisch geben, gut vermengen. Die Eier darüberschlagen und stocken lassen. Abschmecken und mit der gehackten Petersilie bestreuen.

Einkornsuppe mit Gemüse

**50 g Einkorn
1/2 Zwiebel
30 g Porree
1 kleine Karotte
20 g Sellerie
20 g Butter
800 ml Gemüsebrühe
1/2 Bund Petersilie
1 EL Crème fraîche
Salz und Pfeffer**

Das Einkorn über Nacht in kaltem Wasser einweichen.

Die Zwiebel schälen und fein schneiden. Den Porree putzen, der Länge nach aufschneiden, unter fließendem Wasser Schicht für Schicht waschen und in feine Ringe schneiden. Die Karotte und den Sellerie waschen, putzen und grob reiben. Die Zwiebel und das Gemüse in zerlassener Butter andünsten, das abgetropfte Einkorn dazugeben und mit der Gemüsebrühe aufgießen. Aufkochen lassen und bei geringer Hitze ca. 30 Minuten köcheln, bis das Einkorn weich ist. Die Suppe mit dem Pürierstab schaumig aufmixen. Die Petersilie waschen und fein hacken. Anschließend mit der Crème fraîche in die Suppe einrühren, mit Salz und Pfeffer abschmecken.

Einkorn mit Rindfleisch und roten Bohnen

**250 g Einkorn
500 ml Gemüsebrühe
350 g Rindfleisch
2 EL Öl
2 Zwiebeln
1 EL Paprikapulver
1 EL Tomatenmark
500 ml Wasser
1 Würfel Bratensaft
1 Zweig Thymian
Salz und Pfeffer
500 g rote Bohnen aus der Dose
Petersilie zum Bestreuen**

Das Einkorn mit der Gemüsebrühe zustellen, aufkochen und quellen lassen.

Das Rindfleisch in kleine Stücke mit 2 cm Länge schneiden und im Öl in einer Pfanne scharf anbraten, herausnehmen und warm stellen. Die Zwiebeln schälen, hacken und im Bratenrückstand rösten. Danach die Hitze reduzieren, das Paprikapulver und das Tomatenmark einrühren, mit dem Wasser aufgießen. Den Bratensaftwürfel und den Thymianzweig dazugeben und nach Geschmack mit Salz und Pfeffer würzen. Die angebratenen Fleischstücke dazugeben und ca. 45 Minuten dünsten. Nach Bedarf während des Dünstens Wasser zugießen. Die roten Bohnen in ein Sieb schütten, kurz unter fließendem Wasser abspülen, abtropfen lassen und mit dem Einkorn zum gedünsteten Fleisch dazugeben. Das Gericht noch 5 Minuten ziehen lassen, abschmecken und mit Petersilie bestreut servieren.

Einkornrisotto mit Rahmwirsing

Die Zwiebel schälen und in kleine Würfel schneiden. Die Champignons putzen, waschen und je nach Größe halbieren oder vierteln. Den Wirsing putzen, waschen und in Streifen schneiden. 1 EL Öl erhitzen und die Zwiebelwürfel sowie die Champignons darin ca. 5 Minuten andünsten, mit Salz und Pfeffer würzen und in eine Schüssel geben. Den 2. EL Öl erhitzen, den Wirsing kurz rösten und den Einkornreis unterrühren. Mit der Gemüsebrühe aufgießen, aufkochen lassen und bei reduzierter Hitze zugedeckt 20 Minuten dünsten.

Die Tomaten in einem Sieb abtropfen lassen und in kleine Würfel schneiden. Die Pilz-Zwiebel-Masse mit dem Obers, den Tomatenstücken, dem Kümmel und dem Muskat unter das Wirsing-Weizen-Risotto mischen und noch 3 Minuten dünsten. Den Parmesan hobeln und als Garnitur verwenden.

200 g Einkornreis

500 ml Gemüsebrühe

1 Zwiebel

250 g Champignons

500 g Wirsing

2 EL Rapsöl

Salz und Pfeffer

50 g getrocknete Tomaten in Öl

100 ml Obers

1 TL gemahlener Kümmel

1 Prise Muskat

40 g Parmesan

Naturmüsli mit Obers

Das Einkorn grob schroten, mit Wasser bedecken und über Nacht im Kühlschrank quellen lassen.

Die Birnen und die Äpfel waschen, entkernen und in kleine Würfel schneiden. Das Obers steif schlagen und die Walnüsse grob hacken. Vom Einkornschrot das überschüssige Wasser abgießen und mit den Haferflocken, dem Obst und den Walnüssen vermengen. Mit Zitronensaft abschmecken, das Obers unterziehen und sofort servieren.

80 g Einkorn

2 Birnen

2 Äpfel

125 ml Obers

40 g Walnüsse

60 g Haferflocken

Zitronensaft nach Geschmack

» Unser spezieller Tipp

Besonders gesundheitsbewusste Genießer ersetzen das Obers durch Joghurt.

Gerste

Gerste gehört zu den frühen Kulturpflanzen des Menschen.

Bei der Verwendung der Gerste denkt man zunächst wahrscheinlich an den „Gerstensaft", das Bier. In der Tat wird die Gerste überwiegend zum Brauen verwendet. Ihr Gehalt an β-Glucan (ein Ballaststoff) macht aber die Gerste auch für die Produktion von anderen Lebensmitteln sehr wertvoll. Die für die Nahrungszubereitung angebotenen Gerstenerzeugnisse sind Graupen, Grütze, Mehl und Flocken. Gerstenprodukte eignen sich für schmackhaft-rustikale Suppen und als Beilage für Soßengerichte.

Suppen

Hauptspeisen

Gersten-Risotto (Hauptspeise)

Abb. rechte Seite

100 g Rollgerste
1/2 roter Paprika
1/2 grüner Paprika
1/2 gelber Paprika
200 g Melanzani
50 g Blauschimmelkäse
20 g Butter
3 EL Weißwein
Salz und Pfeffer

Die Rollgerste in leicht gesalzenem Wasser ca. 30 Minuten weich kochen, abseihen, unter kaltem Wasser abschrecken und abtropfen lassen. Währenddessen die Paprika waschen, putzen und in kleine Würfel schneiden. Die Melanzani waschen, schälen und kleinwürfelig schneiden. Den Blauschimmelkäse grob raspeln.

Die Gemüsewürfel in der Butter anschwitzen, den Weißwein dazugeben, kurz aufkochen lassen und die Rollgerste hinzufügen. Den geraspelten Käse unterheben und mit dem Salz und dem Pfeffer abschmecken.

›› Unser spezieller Tipp

Dieses Gericht passt hervorragend zu Schweinsmedaillons oder Hühnerbrüstchen, ist aber auch eine ausgezeichnete Hauptspeise, die Menge reicht für 2 Portionen.

Gersten-Linsen-Suppe

100 g Rollgerste
50 g Linsen
1 Karotte
100 g Erdäpfel
1 kleine Zwiebel
2 Knoblauchzehen
30 g Butter
1 l Gemüsebrühe
50 g Porree
1/2 Bund Petersilie
3 Blätter Liebstöckel
Kräutersalz
Pfeffer

Die Gerstenkörner und die Linsen über Nacht in 500 ml kaltem Wasser einweichen. Die Karotte und die Erdäpfel schälen, waschen und kleinwürfelig schneiden. Die Zwiebel und den Knoblauch schälen, fein hacken und in einem Topf in der zerlassenen Butter anschwitzen. Mit der Gemüsebrühe aufgießen, die Gerstenkörner und die Linsen mit dem Einweichwasser sowie die Gemüsewürfel hineingeben und so lange köcheln lassen, bis alle Zutaten weich sind. Währenddessen den Porree putzen, der Länge nach aufschneiden und unter fließendem Wasser Schicht für Schicht waschen. Danach in feine Streifen schneiden. Petersilie und Liebstöckel waschen und fein hacken. Die Porreestreifen und die gehackten Kräuter zu der Suppe hinzufügen und mit Kräutersalz und Pfeffer nach Geschmack würzen.

Bauerngerstlsuppentopf

80 g Rollgerste
1 kleine Zwiebel
1 Knoblauchzehe
150 g Wurzelwerk
(Karotte, Sellerie, Petersilie, Porree)
40 g Butter
1,3 l Wasser
300 g Schweinsschulter
300 g Teilsames
Salz und Pfeffer
1 Prise Muskat
1/2 Bund Schnittlauch
4 Speckscheiben

Die Zwiebel und den Knoblauch schälen und fein hacken. Das Gemüse waschen, putzen und in feine Streifen schneiden. Die Zwiebel, den Knoblauch und das Gemüse in der Butter andünsten. Die Rollgerste dazugeben und mit dem Wasser aufgießen. Die Schweinsschulter und das Teilsame einlegen und ca. 45 Minuten leicht köcheln, bis das Fleisch weich ist. Das Fleisch herausnehmen, in Würfel schneiden und wieder in den Topf zurückgeben. Die Suppe mit dem Salz, dem Pfeffer und dem Muskat abschmecken. Den Schnittlauch waschen und fein schneiden. Die Speckscheiben kurz anbraten. Die Suppe mit den Speckscheiben und dem Schnittlauch anrichten.

)) Unser spezieller Tipp

Reichen Sie dazu getoastetes Bauernbrot.

Fruchtiges Gerstensteak

Das Wasser mit dem Lorbeerblatt aufkochen, den Gerstenschrot einrühren, ausschalten, quellen und auskühlen lassen. Das Liebstöckelblatt waschen und fein schneiden. Die Pfirsiche in kleine Stücke schneiden, den Butterkäse grob raspeln, den Rohschinken in dünne Streifen schneiden und alles miteinander vermengen. Den Knoblauch schälen und fein hacken. Die gegarte Gerste mit den Eiern und den Gewürzen vermengen, Laibchen formen und in Semmelbröseln wenden. Die Laibchen in Rapsöl beidseitig braten. Auf ein vorbereitetes Backblech legen und das Pfirsich-Schinken-Käse Gemisch darauf verteilen. Im vorgeheizten Backrohr bei 170 °C kurz überbacken.

)) Unser spezieller Tipp

Servieren Sie zu den Gerstensteaks eine Soße aus Joghurt, Sauerrahm, Kernöl und Salz.

300 g Gerste
600 ml Wasser
1 Lorbeerblatt
1 Blatt Liebstöckel
4 Pfirsichhälften
100 g Butterkäse
60 g Rohschinken
1 Knoblauchzehe
2 Eier
1/4 TL Paprikapulver
1 TL Sojasoße
1 Prise Muskat
Kräutersalz
Pfeffer
Semmelbrösel
Rapsöl

Grünkern

Grünkern (bereits im Stadium der Teigreife geernteter Dinkel) zeichnet sich durch einen typischen, aromatischen, nussig-würzigen Geschmack aus. Im Handel wird Grünkern als ganzes Korn angeboten, aber auch als Schrot und Mehl. Grünkern eignet sich für schmackhafte Suppeneinlagen, aber auch für Laibchen, Aufläufe und Aufstriche.

Suppen

Hauptspeisen

Brot und Gebäck

Aufstriche

Salate

Grünkernbraten mit Kräuterrahmsoße (Hauptspeise)

Abb. rechte Seite

200 g Grünkernschrot
400 ml Gemüsebrühe
2 kleine Zwiebeln
2 kleine Karotten
200 g Porree, 50 g Butter
50 g Hartkäse
1/2 Bund Petersilie
2 Eier
80 g Semmelbrösel
1 Prise Muskat
Salz, Pfeffer

Soße
1 Zwiebel
1/2 Bund Petersilie
1/2 Bund Schnittlauch
1 Msp. getrockneter Kerbel, 1 TL Rapsöl
125 ml Gemüsebrühe
1 EL Butter
1 EL Weizenvollmehl
125 ml Obers
Kräutersalz, Pfeffer

Die Zwiebeln schälen und klein schneiden. Die Karotten waschen, schälen und klein würfeln. Den Porree der Länge nach aufschneiden und unter fließendem Wasser Schicht für Schicht gründlich waschen, in feine Streifen schneiden. Die Butter erwärmen und den Grünkernschrot darin andünsten, das geschnittene Gemüse untermischen, mit der Gemüsebrühe aufgießen und aufkochen lassen. Die Hitze reduzieren und unter mehrmaligem Umrühren ca. 15 Minuten köcheln lassen. Die Platte ausschalten und die Masse weitere 15 Minuten zugedeckt quellen lassen, danach vom Herd nehmen und erkalten lassen. Den Käse (z. B. Emmentaler) reiben und die Petersilie hacken. Die Eier, den Käse, die Brösel und die Petersilie gut mit der Grünkernmasse vermengen und mit dem Muskat, dem Salz und dem Pfeffer nach Geschmack würzen. Aus der Masse einen Braten formen und in eine vorbereitete Bratform geben. Im vorgeheizten Backrohr bei 190 °C ca. 40 Minuten garen.

In der Zwischenzeit für die Soße die Zwiebel schälen und fein hacken. Die frischen Kräuter waschen und fein hacken. Zwiebel im Öl andünsten, mit der Gemüsebrühe aufgießen und köcheln lassen. Die kalte Butter mit dem Weizenvollmehl verkneten und in die warme Soße einlegen. Das Obers und die Kräuter einrühren und mit Kräutersalz und Pfeffer würzen.

Grünkernsuppe mit Curry-Oberstupfen

**80 g Grünkernmehl
1 kleine Karotte
50 g Sellerie
1 Erdapfel
100 g Porree
125 ml Wein
750 ml Gemüsebrühe
2 EL Kräuter (z. B. Liebstöckel, Petersilie, Schnittlauch)
Kräutersalz, Pfeffer
250 ml Obers
1 TL Currypulver**

Die Karotte, den Sellerie und den Erdapfel schälen und kleinwürfelig schneiden. Den Porree putzen, der Länge nach aufschneiden und unter fließendem Wasser Schicht für Schicht waschen und anschließend in Ringe schneiden. In einem Topf das Grünkernmehl ohne Fett rösten, mit dem Wein ablöschen und mit der Gemüsebrühe aufgießen. Das Gemüse hinzufügen und ca. 15 Minuten leicht köcheln lassen. Danach mit dem Mixstab pürieren. Mit gehackten Kräutern, Salz und Pfeffer nach Geschmack würzen. Die Hälfte des Obers zugeben und unterrühren. Die andere Hälfte des Obers schlagen und das Currypulver unterziehen. Kurz vor dem Servieren je 1 EL Curry-Oberstupfen auf die Suppe setzen.

Grünkernsuppe

**50 g Grünkernschrot
500 ml Gemüsebrühe
50 g Porree
1 kleine Zwiebel
1 kleine Karotte
1/2 Bund Dill
Salz
Pfeffer**

Den Porree der Länge nach aufschneiden, unter fließendem Wasser Schicht für Schicht gründlich waschen und in feine Streifen schneiden. Die Zwiebel schälen und fein hacken. Die Karotte schälen, waschen und grob raspeln. In einem Topf den Grünkernschrot ohne Fett unter ständigem Rühren anrösten, bis er duftet. Mit der Gemüsebrühe aufgießen und das geschnittene Gemüse unterrühren. Mit Salz und Pfeffer würzen. Die Suppe zugedeckt 15 Minuten köcheln lassen. In der Zwischenzeit den Dill waschen und fein hacken und vor dem Servieren über die Suppe streuen.

Käsesuppe mit Grünkernnockerln

Den Grünkern 1 Stunde in reichlich kaltem Wasser einweichen, anschließend ca. 40 Minuten kernig kochen, abseihen und überkühlen lassen.

Die Karotten waschen, putzen, kleinwürfelig schneiden und in wenig Wasser dünsten. Das Toastbrot in Würfel schneiden. Die Petersilie waschen und fein hacken. Die Butter flaumig rühren, den Dotter, das Toastbrot und den Topfen unterrühren. Den Grünkern, die Karotten, die Kräuter und das Mehl unterheben und 20 Minuten rasten lassen.

Für die Suppe die Zwiebel schälen und kleinwürfelig schneiden. Den Schnittlauch waschen und fein schneiden, den Käse reiben. Die Zwiebel in der Butter anschwitzen, mit dem Wein ablöschen, das Obers und die Gemüsebrühe zugeben und auf 1/3 reduzieren. Den Käse einrühren, in der Suppe schmelzen lassen, mit Salz und Pfeffer abschmecken und pürieren.

Aus der Grünkernmasse Nockerln formen, in reichlich kochendes Salzwasser einlegen und ca. 15 Minuten knapp unter dem Siedepunkt ziehen lassen. Die Nockerln herausgeben und in der Käsesuppe servieren.

Nockerln
150 g Grünkern
50 g Karotten
3 Scheiben Toastbrot
1/2 Bund Petersilie
40 g Butter
1 Dotter
50 g Topfen
10 g Mehl

Suppe
1 kleine Zwiebel
1/2 Bund Schnittlauch
250 g Schnittkäse (z. B. Bergbaron oder Gouda)
50 g Butter
125 ml Weißwein
250 ml Obers
600 ml Gemüsebrühe
Salz und Pfeffer

Grünkernlaibchen

200 g Grünkern
500 ml Gemüsebrühe
1/2 Bund Petersilie
1 Zweig Majoran
1 Blatt Liebstöckel
1/2 kleine Zwiebel
80 g Schnittkäse
(z. B. Edamer)
Salz und Pfeffer
1 Ei, Rapsöl

Den Grünkern mittelgrob schroten. Die Gemüsebrühe aufkochen, den Grünkernschrot unter Rühren einrieseln lassen und zugedeckt ca. 10 Minuten köcheln lassen. Den Topf vom Herd nehmen, zugedeckt noch etwa 15 Minuten quellen und überkühlen lassen. Die Kräuter waschen und fein hacken. Die Zwiebel schälen und fein hacken. Den Käse klein würfeln. Den Grünkernschrot, die Zwiebel, den Käse, die Kräuter vermengen, mit Salz und Pfeffer abschmecken und das Ei einrühren. Aus der Masse mit nassen Händen Laibchen formen und im heißen Rapsöl auf beiden Seiten braten.

Grünkernauflauf mit Karfiol

200 g Grünkern
400 ml Gemüsebrühe
1 Karfiol
2 kleine Zwiebeln
50 g Butter
60 g Speck
Kräutersalz
1/2 TL Curry
1 Prise Cayennepfeffer
150 g aromatischer
Hartkäse (z. B. Bergkäse)
3 Eier
125 ml Sauerrahm
1 Prise Muskat

Den gewaschenen Grünkern in der Gemüsebrühe zugedeckt 30 Minuten kochen und 15 Minuten quellen lassen.

In der Zwischenzeit den Karfiol putzen, in kleine Röschen teilen, waschen, in Salzwasser bissfest dünsten und abseihen. Die Zwiebeln schälen, fein schneiden und in der Butter glasig dünsten. Den Speck klein würfeln und anrösten. Den Grünkern, die Karfiolröschen, die Speckwürfel und die Zwiebeln mit Kräutersalz, Curry und Cayennepfeffer abschmecken und in eine vorbereitete Auflaufform geben.

Den Käse fein reiben. Die Eier mit dem Sauerrahm, etwas Kräutersalz und einer Prise Muskat verrühren, über den Auflauf gießen, mit dem Käse bestreuen und im vorgeheizten Backrohr bei 200 °C ca. 45 Minuten backen.

» Unser spezieller Tipp

Statt des Karfiols kann man auch eine Mischung aus beliebigem Gemüse verwenden. Außerhalb der Gemüsesaison und um Zeit zu sparen kann man statt frischem Gemüse tiefgekühltes verwenden.

Chinakohl-Rouladen

Die Gemüsebrühe in einem Topf zum Kochen bringen, den Grünkernschrot einrieseln, ca. 30 Minuten lang köcheln und anschließend überkühlen lassen. In der Zwischenzeit die getrockneten Pilze im kalten Wasser einweichen. Die Mandeln fein mahlen und den Käse reiben.

Den Chinakohl putzen, die Blätter einzeln ablösen, unter fließendem Wasser gründlich waschen und 2 Minuten in kochendem Wasser blanchieren.

Die Pilze in ein Sieb abgießen, dabei das Einweichwasser auffangen. Den überkühlten Grünkern, die gemahlenen Mandeln, die Pilze, das Ei und den geriebenen Käse gut verrühren und nach Geschmack mit Salz und Pfeffer würzen. Diese Mischung auf die Chinakohlblätter verteilen und diese danach eng einrollen. Die Rouladen ev. mit Zahnstochern fixieren. In einer Pfanne die Butter erhitzen, die Chinakohl-Rouladen mit der Naht nach unten einlegen und anbraten. Mit dem Einweichwasser der Pilze und nach Bedarf mit Gemüsebrühe aufgießen und zugedeckt ca. 20 Minuten schmoren lassen. Die Rouladen herausnehmen und im Backrohr warm stellen.

Die Crème fraîche mit der Maisstärke glatt rühren und die Soße damit binden.

Den Schnittlauch waschen und fein schneiden. Die Hälfte der Schnittlauchröllchen unter die Soße mengen und diese nach Geschmack mit Salz und Pfeffer abschmecken. Die andere Hälfte des Schnittlauchs als Garnitur verwenden.

)) Unser spezieller Tipp

Verwenden Sie große Chinakohlblätter! Die Soße lässt sich auch sehr gut mit Weißwein verfeinern. Statt 30 g getrockneten Pilzen können Sie auch 100 g frische Pilze nach Saison verwenden.

Rouladen
250 g Grünkernschrot
500 ml Gemüsebrühe
30 g getrocknete Pilze
250 ml Wasser
50 g Mandeln
**50 g Schnittkäse
(z. B. Gouda)**
750 g Chinakohl
1 Ei
Salz und Pfeffer
30 g Butter
250 ml Gemüsebrühe

Soße
1 EL Crème fraîche
1 EL Maisstärke
1 Bund Schnittlauch
Salz und Pfeffer

Hühnerbrüstchen mit Grünkernkruste auf Oberssoße

4 Hühnerfilets à ca. 150 g
Kräutersalz
weißer Pfeffer
Rapsöl zum Anbraten

Kruste
30 g feiner Grünkernschrot
1 Zweig Thymian
5 Blätter Estragon
1/2 Bund Petersilie
50 g Schalotten
1 TL Butter
50 g Dinkelvollmehl
2 Eiklar, 2 Dotter
1/2 Zitrone (Saft)
Kräutersalz
weißer Pfeffer

Soße
20 g Butter
20 g Dinkelvollmehl
125 ml Gemüsebrühe
125 ml Obers
Kräutersalz

Den Grünkernschrot in eine Tasse geben, mit Wasser bedecken und ca. 30 Minuten quellen lassen.

Die Hühnerbrüstchen mit Kräutersalz und weißem Pfeffer würzen und in einer Pfanne im heißem Öl auf beiden Seiten anbraten. Eine Backform vorbereiten und die angebratenen Hühnerbrüstchen hineinlegen.

Die Kräuter waschen und fein hacken. Die Schalotten schälen, fein hacken und in der Butter leicht anschwitzen. Den Grünkernschrot abseihen, zugeben, kurz mitrösten und die Kräuter sowie das Dinkelvollmehl zugeben. Diese Masse vom Herd nehmen und kurz überkühlen lassen. Das Eiklar zu Schnee schlagen. In die überkühlte Grünkernmasse die Dotter und den Zitronensaft einrühren, mit Kräutersalz und Pfeffer würzen und den Schnee vorsichtig unterheben. Diese Masse gleichmäßig auf den Hühnerbrüstchen verteilen, glatt streichen und im vorgeheizten Backrohr bei 180 °C ca. 30 Minuten überbacken.

In der Zwischenzeit für die Soße die Butter zerlassen, das Dinkelvollmehl zugeben und alles kurz aufschäumen lassen. Mit der Gemüsebrühe aufgießen, aufkochen lassen, das Obers beigeben und bei Bedarf mit Kräutersalz würzen.

Die Hühnerbrüstchen aus dem Backrohr nehmen, schräg in Scheiben aufschneiden und auf einem Soßenspiegel anrichten.

)) Unser spezieller Tipp

Die Hühnerbrust kann auch unter der Haut gefüllt werden. Verwenden Sie dazu eine ganze Hühnerbrust mit Haut. Die Haut an der offenen Seite vorsichtig vom Fleisch lösen, sodass eine Tasche entsteht. Die Fülle nun unter die Haut schieben und die gefüllte Hühnerbrust evtl. mit Spagat in Form bringen.

Überbackene Grünkernknödel

Das Vollkornbrot in sehr kleine Würfel schneiden und in 30 g Butter rösten. Den Grünkernschrot in einem Topf mit der Gemüsebrühe vermengen, unter ständigem Rühren zu einem dicken Brei kochen und zugedeckt 10 Minuten nachquellen lassen. Die restliche Butter, die Eier, den Grieß, die Brotwürfel, Muskat und Majoran gründlich mit der Grünkernmasse vermengen und nach Geschmack mit Salz würzen. Die Masse 30 Minuten ziehen lassen.

1,5 l Wasser mit einem Würfel Suppenwürze aufkochen. Mit nassen Händen kleine Knödel formen und in der Gemüsebrühe 15–20 Minuten köcheln lassen. In der Zwischenzeit den Schnittlauch waschen und klein schneiden. Den Käse fein reiben. Die Knödel aus dem Wasser nehmen, in eine vorbereitete Auflaufform setzen und mit dem geriebenen Käse bestreuen. Im vorgeheizten Backrohr bei 200 °C 5–10 Minuten gratinieren. Mit Schnittlauch bestreut servieren.

300 g Grünkernschrot
600 ml Gemüsebrühe
90 g Vollkornbrot
60 g Butter
3 Eier
80 g Weizengrieß
1 Prise Muskat
2 TL getrockneter Majoran
Salz
120 g Hartkäse (z. B. Emmentaler)
1 Würfel Suppenwürze
1/2 Bund Schnittlauch

❯❯ Unser spezieller Tipp

Als Beilage empfehlen wir köstlich marinierte Blattsalate.

Grünkernweckerln mit Käse

Den Grünkern fein mahlen und mit dem Dinkelvollmehl in einer Schüssel vermischen. In der Mitte ein Grübchen formen, die Germ einbröseln, mit 6 EL lauwarmem Wasser und etwas Mehl verrühren und zugedeckt an einem warmen Ort stehen lassen, bis sich das Volumen der aufgelösten Germ verdoppelt hat. Mit dem Salz und dem restlichen lauwarmen Wasser zu einem geschmeidigen Teig verkneten und ca. 30 Minuten an einem warmen Ort bis zum doppelten Volumen gehen lassen. Aus dem Teig Weckerln formen und am vorbereiteten Backblech nochmals gehen lassen. Anschließend die Weckerln der Länge nach 1 cm tief einschneiden, und in diesen Spalt den geriebenen Pizzakäse geben. Das Gebäck mit Wasser bestreichen und im vorgeheizten Backrohr bei 200 °C ca. 20 Minuten backen.

210 g Grünkern
490 g Dinkelvollmehl
42 g Germ
ca. 500 ml Wasser
15 g Salz
70 g Pizzakäse

Grünkernaufstrich

100 g Grünkernschrot
200 ml Gemüsebrühe
1 Zweig Majoran
3 Blätter Basilikum
1 kleine Zwiebel
1 Knoblauchzehe
120 g Butter
Salz und Pfeffer

Die Gemüsebrühe aufkochen, den Grünkernschrot unter Rühren einrieseln lassen und zugedeckt ca. 15 Minuten köcheln. Den Topf vom Herd nehmen, die Masse zugedeckt noch etwa 20 Minuten quellen und überkühlen lassen. Die Kräuter waschen und fein hacken. Die Zwiebel und den Knoblauch schälen und fein hacken. Die Butter flaumig rühren, den Grünkern, die Zwiebel, den Knoblauch, Majoran, Basilikum, Salz und Pfeffer einrühren. Vor dem Servieren den Aufstrich etwas durchziehen lassen.

Grünkernaufstrich mit Haselnüssen

50 g Grünkernschrot
150 ml Gemüsebrühe
1 kleine Zwiebel
1 Knoblauchzehe
30 g Butter
30 g Haselnüsse
1 Zweig Majoran
1 Zweig Thymian
125 g Topfen
1 Prise Muskat
Salz und Pfeffer

Die Gemüsebrühe aufkochen, den Grünkernschrot einrühren und ca. 15 Minuten köcheln lassen. Den Topf vom Herd nehmen, den Grünkernschrot zugedeckt noch etwa 10 Minuten quellen und überkühlen lassen.
Die Zwiebel und die Knoblauchzehe schälen, sehr fein würfeln und in der Butter anschwitzen. Die Haselnüsse fein reiben. Die Kräuter waschen und fein hacken. Den Topfen mit dem Grünkernschrot, dem Zwiebel-Knoblauch-Butter-Gemisch, den Nüssen, den Kräutern und den Gewürzen verrühren und im Kühlschrank durchziehen lassen.

Grünkernsalat nach griechischer Art

Die Gemüsebrühe aufkochen und den Grünkern darin dünsten und anschließend vollständig auskühlen lassen.

Den Paprika, die Gurke und die Tomaten waschen, putzen und in kleine Würfel schneiden. Die Zwiebel schälen und in feine Ringe schneiden. Den Schnittlauch waschen und fein schneiden.

Den Kräuteressig mit dem Wasser, dem Olivenöl, dem Kräutersalz und dem Schnittlauch verrühren. Den Grünkern, das Gemüse und die Oliven mit der Marinade vermengen. Den Schafkäse in kleine Würfel schneiden und vorsichtig unterheben. Vor dem Servieren mindestens 30 Minuten ziehen lassen.

100 g Grünkern

200 ml Gemüsebrühe

1 gelber Paprika

1 mittelgroße Gurke

2 große Tomaten

1 kleine Zwiebel

1 Bund Schnittlauch

2 EL Kräuteressig

1 EL Wasser

2 EL Olivenöl

50 g grüne, entkernte Oliven

50 g schwarze, entkernte Oliven

150 g Schafkäse

Kräutersalz

Hafer

Hafer hat von allen Getreidearten den höchsten Fettgehalt und wird deshalb schneller ranzig. Er ist reich an wasserlöslichen Ballaststoffen, die beim Kochen einen Schleim bilden. Haferschleime fördern die Verdauung, wirken gegen Durchfall und werden bei Magenverstimmungen eingesetzt.

Die Haferflocken sind das wohl bekannteste Haferprodukt. Aus Hafergrütze kann man Suppen und Breie zubereiten. Extrudierte (gepoppte) Hafererzeugnisse sind Bestandteil von Frühstücksgetreideerzeugnissen. Hafermehl wird zur Herstellung von Säuglingsnahrung und Kinderfertigbreigerichten industriell verwertet.

Haferflockenschmarren
mit Birnenkompott (Süße Hauptspeise)
Abb. rechte Seite

150 g Haferflocken
150 g Weizenvollmehl
1/2 Vanilleschote
3 Dotter
300 ml Milch
3 Eiklar
50 g Zucker
1 Prise Salz
100 g getrocknete Datteln
60 g Butter
Staubzucker zum Bestreuen

Die Vanilleschote aufschneiden und das Mark mit dem Messer herausschaben. Die Haferflocken mit dem Weizenvollmehl, den Dottern, dem Vanillemark und der Milch zu einem glatten Teig rühren und ca. 30 Minuten rasten lassen. Das Eiklar mit dem Zucker und einer Prise Salz zu Schnee schlagen und vorsichtig unter den Teig heben. Die Datteln abspülen und klein schneiden. Die Butter in einer entsprechenden Form (Pfanne, Auflaufform, …) zerlassen, den Teig ca. 2 cm hoch eingießen, die Datteln darüberstreuen und im vorgeheizten Backrohr bei 180 °C backen. Nach ca. 8 Minuten wenden und weitere 8 Minuten backen. Anschließend den Schmarren mit zwei Gabeln in mundgerechte Stücke zerreißen und mit dem Staubzucker bestreuen.

» Unser spezieller Tipp

Der Schmarren schmeckt besonders gut mit verschiedenen Kompotten, Sie können aber auch Fruchtsoßen dazu servieren.

Haferflockensuppe

80 g Haferflocken
250 g Wurzelwerk
(Karotten, Pastinak,
Sellerie)
3 TL Rapsöl
1,25 l Gemüsebrühe
1 Prise Muskat
Kräutersalz
1/2 Bund Petersilie

Das Wurzelwerk schälen, waschen und Julienne schneiden. Die Hafer-flocken im Öl rösten, bis sie duften, und mit der Gemüsebrühe aufgießen. Das Wurzelwerk zugeben, mit Muskat und Kräutersalz würzen und 10 Mi-nuten köcheln lassen. In der Zwischenzeit die Petersilie waschen, fein hacken und die Suppe damit verfeinern.

Haferflockennockerln

80 g Haferflocken
125 ml Milch
1 Prise Muskat
Salz
1 Ei

Die Haferflocken in der trockenen Pfanne rösten, bis sie duften, mit der Milch aufgießen, unter Rühren 5 Minuten köcheln und ca. 10 Minuten quel-len lassen und anschließend überkühlen. Die Masse mit Salz und Muskat ab-schmecken und das Ei unterrühren. Anschließend Nockerln formen und in leicht kochendem Salzwasser 10 Minuten ziehen lassen.

)) Unser spezieller Tipp

Diese Einlage ist sowohl für klare Suppen als auch für Gemüsecremesuppen hervorragend geeignet.

Hafer-Käse-Schöberln

4 EL Hafermark
30 g Schnittkäse
(z. B. Gouda)
40 g Butter
1 Prise Salz
2 Dotter
80 ml Milch
1 EL Maisstärke
2 Eiklar

Den Käse fein reiben. Die Butter flaumig rühren und mit Salz und den Dot-tern schaumig rühren. Das Hafermark, die Milch und die Maisstärke einrüh-ren. Die Eiklar zu Schnee schlagen und gemeinsam mit dem Käse unter den Abtrieb heben. Die Masse daumendick auf ein vorbereitetes Backblech strei-chen und im vorgeheizten Backrohr bei 190 °C ca. 15 Minuten backen. Die Schöberln überkühlen lassen und in kleine Rechtecke schneiden.

Haferknödel mit Tomatensoße

Den Nackthafer mittelfein schroten, in die kochende Gemüsebrühe einrühren, 10 Minuten kochen und quellen lassen. Die Kräuter waschen und fein hacken, den Käse fein reiben. Die Zwiebel schälen, fein hacken und in der Butter leicht anschwitzen. In einer Schüssel mit den Semmelwürfeln, dem gegarten Nackthaferschrot, den Kräutern, dem Gouda, den Eiern und dem Kräutersalz mischen. Mit nassen Händen Knödel formen und in gesalzenem Wasser ca. 20 Minuten leicht köcheln lassen.

Für die Soße die Zwiebel und die Knoblauchzehen schälen und fein hacken. Die Tomaten würfelig schneiden. Die Zwiebel und den Knoblauch in Olivenöl anschwitzen, mit der Gemüsebrühe aufgießen, die Tomaten dazugeben und mit Salz, Pfeffer sowie einer Prise Zucker würzen und ca. 20 Minuten leicht köcheln lassen. In der Zwischenzeit Basilikum waschen und fein schneiden. Anschließend die Tomatensoße mit dem Pürierstab fein pürieren, das Basilikum dazugeben und die Soße abschmecken.

Knödel
350 g Nackthafer
500 ml Gemüsebrühe
1/2 Bund Petersilie
1/2 Bund Schnittlauch
**100 g Schnittkäse
(z. B. Gouda)**
1 kleine Zwiebel
20 g Butter
50 g Semmelwürfel
2 Eier
Kräutersalz

Soße
1 mittlere Zwiebel
2 Knoblauchzehen
600 g Tomaten
40 g Olivenöl
125 ml Gemüsebrühe
Salz und Pfeffer
Zucker
6 Blätter Basilikum

Überbackene Hafer-palatschinken mit Spinatfülle

Palatschinken
110 g Hafermehl
40 g Weizenmehl
1 TL Salz
3 Eier
350 ml Milch
150 ml Wasser
Öl zum Backen

Fülle
1 kleine Zwiebel
2 Knoblauchzehen
50 g Butter
600 g tiefgekühlter Blattspinat oder 1 kg frischer Blattspinat
1 Prise Muskat
Salz und Pfeffer
2 EL Sauerrahm

Zum Überbacken
60 g Bergkäse
2 Eier
125 ml Obers

Das Hafermehl, das Weizenmehl und das Salz mit den Eiern verrühren und nach und nach die Milch und das Wasser einrühren. Den glatten Palatschinkenteig mindestens 30 Minuten quellen lassen. Bei Bedarf Wasser zum Teig geben. In einer Pfanne mit Öl dünne Palatschinken backen.

Für die Fülle die Zwiebel und die Knoblauchzehen schälen und fein hacken. In einer Pfanne die Butter erhitzen, die Zwiebel und den Knoblauch glasig anschwitzen und den Spinat dazugeben. Alles kurz dünsten lassen. Mit Salz, Muskat, dem Knoblauch und Pfeffer abschmecken. Die Fülle etwas überkühlen lassen.

In der Zwischenzeit den Bergkäse zum Überbacken reiben. Die Eier mit dem Obers und dem Käse versprudeln. In die überkühlte Spinatmasse den Sauerrahm einrühren. Die Palatschinken mit der Fülle bestreichen und zusammenschlagen. In eine vorbereitete Auflaufform einschichten, mit dem Käse-Eier-Obers-Gemisch bedecken und im vorgeheizten Backrohr bei 200 °C ca. 20 Minuten backen.

Süßer Haferflockenauflauf

Die Milch mit einer Prise Salz aufkochen, die Haferflocken einrühren und unter ständigem Rühren ca. 10 Minuten zu einem dicken Brei einkochen. Die Masse abkühlen lassen.

Das Eiklar zu Schnee schlagen. Die Butter mit dem Staub- und dem Vanillezucker flaumig rühren. Nach und nach die Dotter dazu geben und gut schaumig rühren. Die abgekühlte Haferflockenmasse in diesen Abtrieb einrühren und den Schnee vorsichtig unterheben.

Eine Auflaufform mit Butter ausstreichen und mit Bröseln bestreuen. Die Masse in die Form füllen und im vorgeheizten Backrohr bei 200 °C 60–70 Minuten backen. Vor dem Servieren mit Staubzucker bestreuen.

250 g feine Haferflocken
750 ml Milch
1 Prise Salz
2 Eiklar
50 g Butter
80 g Staubzucker
1/2 Packung Vanillezucker
2 Dotter
Butter für die Form
Semmelbrösel für die Form

» Unser spezieller Tipp

Servieren Sie diesen Haferflockenauflauf mit einem Früchtekompott Ihrer Wahl.

Süße Vollkornwaffeln

Die Haferflocken, das Weizenvollmehl und die Trockengerm mischen. Die Milch leicht erwärmen, die Butter hineingeben, schmelzen lassen und den Honig einrühren. Die Mehlmischung mit dieser Flüssigkeit gut verrühren und ca. 30 Minuten quellen lassen. Die Zitrone waschen, die Schale abreiben und den Saft auspressen. Danach die Zitronenschale, den Zitronensaft und die Dotter einmengen. Aus dem Eiklar einen cremigen Schnee schlagen und vorsichtig unter den Teig mischen. Im Waffelautomat nach Herstellerangaben Waffeln backen.

100 g feine Haferflocken
100 g Weizenvollmehl
1 TL Trockengerm
250 ml Milch
30 g Butter
2 EL Honig
1/2 unbehandelte Zitrone
2 Dotter
2 Eiklar

» Unser spezieller Tipp

Für diese Waffeln können Sie anstelle der Zitronenschale und des Zitronensaftes 1 TL Zimt verwenden. Waffeln schmecken ganz frisch am besten.

Müsliriegel

250 g Haferflocken
70 g Butter
50 g Trockenfrüchte
50 g Walnüsse
25 g Sonnen-
blumenkerne
50 g Honig
125 ml Orangensaft
2 Eier

Die Butter schmelzen, die Trockenfrüchte fein schneiden und die Walnüsse grob hacken. Die Haferflocken mit der Butter, den Trockenfrüchten, den Nüssen, den Sonnenblumenkernen, dem Honig, dem Orangensaft und den Eiern und gut vermischen und 15 Minuten quellen lassen.

Die Masse auf ein vorbereitetes Backblech 1 cm hoch aufstreichen und im vorgeheizten Backrohr bei 180 °C ca. 20 Minuten backen. Anschließend überkühlen lassen und in Riegel schneiden.

》 Unser spezieller Tipp

Anstelle der Haferflocken können Sie auch eine Flockenmischung verwenden. Optisch besonders ansprechend werden die Müsliriegel, wenn sie an beiden Enden in etwas geschmolzene Schokolade getunkt werden.

Flocken-Kresse-Aufstrich

2 EL Haferflocken
2 EL Dinkelflocken
1 Tasse Kresse
1 Essiggurkerl
200 g Hüttenkäse
3 EL Crème fraîche
1 Knoblauchzehe
Kräutersalz, Pfeffer

Die Kresse abschneiden und waschen. Das Essiggurkerl fein hacken. Den Hüttenkäse mit den Getreideflocken, der Crème fraîche, dem Essiggurkerl und zwei Dritteln der Kresse in einer Schüssel gut vermengen und 15 Minuten im Kühlschrank ziehen lassen. Die Knoblauchzehe schälen. Den Aufstrich mit Kräutersalz, Pfeffer und dem gepressten Knoblauch nach Geschmack würzen und mit der restlichen Kresse bestreuen.

Hafer-Kren-Aufstrich

Die Zwiebel schälen und fein hacken. Die Gemüsebrühe in einem kleinen Topf kurz aufkochen und die Zwiebeln zugedeckt darin kurz dünsten. Den Topf vom Herd nehmen und das Hafervollmehl einrühren. Den Kren untermischen und nach Geschmack mit Zitronensaft und Kräutersalz würzen. Zum Schluss die Butter unterrühren.

50 g Hafervollmehl
100 ml Gemüsebrühe
1 kleine Zwiebel
1 EL geriebenen Kren
einige Tropfen Zitronensaft, Kräutersalz
50 g Butter

Fruchtiger Hafersalat

Den Nackthafer mit der Gemüsebrühe und dem Liebstöckel 25 Minuten leicht kochen und nachquellen lassen.

In der Zwischenzeit die Walnüsse hacken und die Äpfel waschen, entkernen und in kleine Würfel schneiden. Die Karotte waschen, schälen und grob reiben. Die Petersilie waschen und fein hacken. Für die Marinade die Zitrone auspressen und mit dem Honig, dem Sauerrahm, dem Öl, der Petersilie, Salz, und Pfeffer gut verrühren. Den Nackthafer, die Walnüsse, die Äpfel, die Karotten und den Hüttenkäse mit der Marinade vermengen.

300 g Nackthafer
500 ml Gemüsebrühe
1/2 TL getrocknetes Liebstöckel
2 EL Walnüsse
3 kleine, säuerliche Äpfel
1 Karotte
3 EL Hüttenkäse

Marinade
1/2 Zitrone
1 TL Honig
150 g Sauerrahm
2 EL Öl
1 Bund Petersilie
Salz und Pfeffer

Hirse

Hirse ist für die Welternährung das bedeutendste Getreide, denn ihre verschiedenen Arten sind die wichtigsten Grundnahrungsmittel in Afrika, dem Vorderen Orient und in Indien. Die Rispenhirse wurde früher auch in Österreich, besonders lange in der Steiermark, angebaut. Teilweise wird das Getreide schon geschält importiert und wegen der goldgelben Farbe unter dem Namen Goldhirse vermarktet.

Hirse enthält reichlich Eisen, Magnesium und Kieselsäure.

Im Handel ist Hirse vorwiegend als ganzes geschältes Korn und in Form von Hirseflocken erhältlich. Hirse verleiht den Speisen einen feinwürzigen Geschmack. Die kleinen runden, hellgelben Körner kann man ähnlich wie Reis zubereiten und als Beilage zu Gerichten verwenden. Hirseprodukte lassen sich auch für Suppen, Aufläufe und Breie gut verwenden.

Hirse quillt beim Kochen stärker auf, als man dies vom Reis gewohnt ist, und braucht deswegen mehr Wasser. Bei Hirse beträgt das Gewichtsverhältnis 1 Teil Hirse auf 2,5 Teile Wasser, bei Reis 1:2.

Suppen
Hauptspeisen
Süße Hauptspeisen
Beilagen
Kuchen und Desserts
Salate

Pikante Hirselaibchen (Hauptspeise)

Abb. rechte Seite

80 g Hirse
200 ml Gemüsebrühe
50 g Pressschinken
1/2 Bund Petersilie
1 kleine Zwiebel
20 g Butter
200 g Topfen
1 Ei
1/2 TL getrockneter Majoran
Kräutersalz
Pfeffer
Mehl zum Binden
Rapsöl zum Braten

Die Hirse heiß abspülen, in der Gemüsebrühe weich kochen und gut abkühlen lassen. In der Zwischenzeit den Schinken klein würfeln. Die Petersilie waschen und klein schneiden. Die Zwiebel schälen, fein hacken und mit dem gewürfelten Schinken in der Butter anschwitzen und mit der Hirse, dem Topfen, dem Ei, den Kräutern und den Gewürzen gut vermischen. Ist diese Masse zu weich, etwas Mehl zugeben. Aus der Masse mit nassen Händen 12 Laibchen formen und im heißen Öl auf beiden Seiten goldbraun backen. Auf Küchenpapier abtropfen lassen.

» Unser spezieller Tipp

Zu den Laibchen passt sehr gut mit Rahm verfeinertes Wurzelgemüse oder eine Tomatensoße.

Hirsenockerln

4 EL Hirsemehl, fein
40 g Butter
120 g Topfen
1 Dotter
1 Prise Muskat
Salz
Weißer Pfeffer
1 Eiklar

Die Butter flaumig rühren und den Topfen, den Dotter, die Gewürze und das Hirsemehl einrühren. Diese Masse ca. 30 Minuten stehen lassen. Danach das Eiklar steif schlagen und unter die Masse heben. Kleine Nockerln formen und in leicht kochendem Salzwasser 10–15 Minuten ziehen lassen.

» Unser spezieller Tipp

Die Hirsenockerln schmecken sowohl in einer kräftigen Rindssuppe als auch in einer klaren Gemüsesuppe ausgezeichnet.

Hirseknödel mit Pilzen

200 g Hirse
250 ml Milch
250 ml Obers
40 g Butter
100 g Austernpilze
Salz und Pfeffer
80 g Schnittkäse (z. B. Gouda)
1 Ei
2 EL Mehl
1 Prise Muskat
Salz

1/2 Bund Petersilie

Die Hirse heiß abspülen. Die Milch mit dem Obers und der halben Buttermenge aufkochen und die Hirse einrühren. Bei kleiner Stufe ca. 15 Minuten dünsten – während dieser Zeit mehrmals umrühren. Danach die Masse von der Platte nehmen und zugedeckt ca. 15 Minuten quellen lassen.

In der Zwischenzeit die Pilze putzen, waschen, klein schneiden und in der restlichen Butter anschwitzen. Mit Salz und Pfeffer abschmecken und abkühlen lassen.

Den Käse fein reiben. Reichlich Wasser zum Kochen bringen und salzen. Währenddessen das Ei und das Mehl unter die Hirsemasse mengen und mit Salz und Muskat abschmecken. Anschließend die Pilze und den Käse vorsichtig unterheben.

Mit nassen Händen aus der Masse 12 Knödel formen und im leicht wallenden Salzwasser ca. 12 Minuten köcheln lassen. Die Petersilie waschen und fein hacken. Die Knödel mit einem Siebschöpfer vorsichtig aus dem Wasser heben und mit gehackten Kräutern bestreut servieren.

» Unser spezieller Tipp

Statt frischer Austernpilze können Sie auch eine tiefgekühlte Pilzmischung verwenden. Etwas aufgeschäumte Butter und frische Blattsalate vollenden dieses Gericht!

Hirseauflauf mit Champignons

Die Hirse heiß abspülen. Die Milch mit dem Salz aufkochen, die Hirse einrühren und ca. 1 Minute lang kochen. Danach die Hitze reduzieren und die Masse auf kleiner Stufe zugedeckt ca. 15 Minuten dünsten, die Herdplatte ausschalten und den Brei weitere 20 Minuten quellen lassen. In der Zwischenzeit den Porree putzen, der Länge nach aufschneiden, Schicht für Schicht unter fließendem Wasser gründlich waschen und in feine Ringe schneiden. 200 g Champignons putzen, waschen, trocken tupfen und blättrig schneiden. Den Porree und die Champignons im Öl sautieren.

Die Kräuter waschen, trocken tupfen und fein hacken. Die Eiklar zu steifem Schnee schlagen. Die Dotter mit 50 g Butter flaumig rühren. In diesen Abtrieb die überkühlte Hirse und die überkühlte Porree-Champignon-Mischung rühren und mit der Petersilie, Salz und Pfeffer nach Geschmack würzen. Den Schnee unter diese Mischung heben und alles in eine vorbereitete Auflaufform geben. Im vorgeheizten Backrohr bei 170 °C ca. 40 Minuten backen.

Währenddessen die restlichen Champignons putzen, waschen, trocken tupfen und je nach Größe halbieren oder vierteln. In der restlichen Butter sautieren und mit Thymian, Salz und Pfeffer abschmecken. Vor dem Servieren als Garnitur über den Auflauf geben.

80 g Hirse
200 ml Milch
1/2 TL Salz
150 g Porree
350 g Champignons
2 EL Rapsöl
1/2 Bund Petersilie
1 kleiner Zweig Thymian
4 Eiklar
4 Dotter
80 g Butter
Salz und Pfeffer

Hirsespätzle mit Gemüsesugo

Spätzle
150 g Hirsemehl
150 g Weizenvollmehl
100 ml Milch
3 Eier
1 TL Kräutersalz
1 Prise Muskat
30 g Butter zum Schwenken

Sugo
1 kleine Zwiebel
2 Knoblauchzehen
250 g Gemüse der Saison (z. B. Paprika, Sellerie)
1 Zweig Oregano
4 Blätter Basilikum
2 EL Sonnenblumenöl
4 EL Tomatenmark
1 EL Mehl
250 ml Gemüsebrühe
Kräutersalz
Pfeffer
2 EL Crème fraîche

Das Hirse- und das Weizenvollmehl mit der Milch, den Eiern, dem Kräutersalz und dem Muskat vermengen. Den Teig ca. 30 Minuten stehen lassen.

In der Zwischenzeit für das Sugo die Zwiebel und den Knoblauch schälen und fein schneiden. Das Gemüse waschen, putzen und in Streifen schneiden. Die Kräuter waschen und fein hacken. In einer Pfanne das Sonnenblumenöl erhitzen, die Zwiebel und den Knoblauch darin anschwitzen, das zerkleinerte Gemüse und Tomatenmark zugeben, kurz mitrösten und mit dem Mehl stauben. Danach mit der Gemüsebrühe aufgießen und mit Oregano, Kräutersalz und Pfeffer würzen. Alles aufkochen lassen, die Hitze reduzieren, gut durchrühren und kurz köcheln lassen, bis das Gemüse bissfest ist. Das Sugo abschmecken und mit der Crème fraîche und dem Basilikum verfeinern.

Für die Spätzle reichlich Wasser aufkochen, salzen und den Teig mit Hilfe eines Spätzlesiebes in das Wasser einkochen – dabei ab und zu umrühren. Sobald die Spätzle an der Oberfläche schwimmen, noch 2 Minuten köcheln lassen, abseihen und in einer Pfanne in der zerlassenen Butter schwenken. Die Spätzle mit dem Gemüsesugo servieren.

Hirsestrudel

Die Hirse heiß abspülen. Die Milch aufkochen lassen und die Hirse einrühren. Etwa 5 Minuten kochen, vom Herd nehmen, zugedeckt ca. 15 Minuten quellen und auskühlen lassen.

Währenddessen die Zwiebel schälen, fein hacken und im Öl glasig dünsten. Die Karotte waschen, putzen und grob reiben oder in feine Stifte schneiden. Den Gouda grob reiben.

Die Kräuter waschen und fein hacken. Die Eiklar zu steifem Schnee schlagen. Die Butter flaumig rühren, Dotter und Kräuterfrischkäse einrühren. Die Hirse in den Abtrieb mengen, die Karotte, den Käse und die Zwiebel einrühren und mit Salz, Rosmarin und Petersilie abschmecken. Den Eischnee vorsichtig unterheben.

Die Strudelblätter nach Packungsanweisung vorbereiten und füllen, auf ein vorbereitetes Backblech geben, die Butter schmelzen und die Strudel damit bestreichen. Bei 190 °C im vorgeheizten Backrohr ca. 25 Minuten backen.

» Unser spezieller Tipp

Als Hauptspeise eignet sich der Hirsestrudel mit einer pikanten Soße. Eine schnelle und sehr gut passende Soße zum Strudel erhalten Sie, wenn Sie 250 ml Joghurt, 250 ml Sauerrahm, 1 EL fein geschnittene Petersilie, etwas Knoblauch, Salz und Pfeffer miteinander verrühren.

Fülle
120 g Hirse
200 ml Milch
1 kleine Zwiebel
2 TL Rapsöl
1 kleine Karotte
2 EL Gouda
1/2 Bund Petersilie
1 kleiner Zweig Rosmarin
2 Eiklar
40 g Butter
2 Dotter
4 EL Kräuterfrischkäse
Salz

200 g Strudelteig
20 g Butter zum Bestreichen

Süßer Hirseauf-
lauf mit Schnee-
haube

Auflauf
180 g Hirse
500 ml Milch
Salz
60 g Butter
1/2 Vanilleschote
1/2 unbehandelte Zitrone
3 Eiklar
2 kleine Äpfel
50 g Mandeln
3 Dotter
3 EL Honig

Schneehaube
3 Eiklar
3 EL Zucker
2 EL Kokosflocken
1 TL Staubzucker

Die Hirse heiß abspülen. Die Zitrone waschen und die Schale abreiben. Die Milch mit dem Salz, der Butter, der halben Vanilleschote und der abgeriebenen Zitronenschale aufkochen. Die Vanilleschote entfernen, die Hirse einrühren und bei kleiner Stufe ca. 35 Minuten dünsten, dabei ab und zu umrühren. Die Hirsemasse gut auskühlen lassen. In der Zwischenzeit aus den Eiklar einen steifen Schnee schlagen, die Äpfel waschen, schälen, entkernen und in kleine Würfel schneiden. Die Mandeln blanchieren, schälen und fein reiben. Die Dotter mit dem Honig schaumig rühren, die Hirsemasse und die Mandeln einmengen und den Schnee vorsichtig unterziehen.

Die Hälfte der Masse in eine befettete Auflaufform füllen, die Apfelwürfel darüberstreuen und mit der restlichen Hirsemasse bedecken. Bei 170 °C im vorgeheizten Backrohr ca. 30 Minuten backen.

Für die Schneehaube das Eiklar und den Zucker zu festem Schnee schlagen und die Kokosflocken einmengen. Nach 20 Minuten Backzeit die Masse mit einem Spritzsack auf den Auflauf dressieren und mit dem Staubzucker bestreuen. Anschließend fertig backen, bis der Schnee goldbraun ist.

Hirse-Obers-Creme

Die Vanilleschote der Länge nach aufschneiden und das Mark mit einem kleinen Messer auskratzen. Das Hirsemehl mit dem Wasser und dem Vanillemark aufkochen und etwa 5 Minuten köcheln lassen. Die Temperatur etwas reduzieren und das Getreide weitere 10 Minuten nachquellen lassen. Die Haselnüsse fein reiben und in einer Pfanne ohne Fett rösten, bis sie duften. Honig, Nougat, Haselnüsse und Cointreau unter die noch warme Hirsemasse rühren und vollständig auskühlen lassen. Das Obers steif schlagen und ein Drittel davon vorsichtig unter die Hirsecreme ziehen. Die Creme in Dessertschalen anrichten und mit dem restlichen Obers verzieren.

100 g Hirsemehl
200 ml Wasser
1 Vanilleschote
50 g Haselnüsse
30 g Honig
30 g Nougat
1 EL Cointreau
250 ml Obers

» Unser spezieller Tipp

Wenn Sie das Wasser durch Milch ersetzen, erhalten Sie eine noch feinere Creme. Bei der Verzierung der Creme sind Ihrer Phantasie keine Grenzen gesetzt: Blutorangenspalten, Granatapfelkerne oder frische Beeren passen geschmacklich und optisch hervorragend zu diesem Dessert.

Hirsesalat

Die Hirse heiß abspülen. Die Gemüsebrühe mit dem Kurkuma aufkochen, die Hirse darin ca. 10 Minuten bei schwacher Hitze kochen und zugedeckt auf der ausgeschalteten Platte ausquellen lassen. Anschließend mit einer Gabel auflockern. Währenddessen den Essig mit dem Senf und dem Salz vermischen, 1 EL Wasser und die Öle einrühren. Diese Mischung mit der Hirse vermengen.

Die Frühlingszwiebeln schälen und in dünne Ringe schneiden. Die Paprikaschote waschen, putzen und in kleine Würfel schneiden. Den Rucola waschen, grob zerkleinern und gemeinsam mit den Zwiebelringen und dem Paprika unter die marinierte Hirse mischen. Nochmals abschmecken.

125 g Hirse
300 ml Gemüsebrühe
1/2 TL Kurkuma (Gelbwurz)
4 EL Weißweinessig
1 TL Senf
Salz
2 EL Sonnenblumenöl
2 EL Olivenöl
100 g Frühlingszwiebeln
1 roter Paprika
50 g Rucola

Kamut

Kamut ist eine alte, mit dem Hartweizen verwandte Getreideart. Die Körner sind größer als beim Weizen und haben auch einen höheren Eiweiß-, Fett-, Mineralstoff- und Vitamin E-Gehalt. Kamut eignet sich gut zur Herstellung von Teigwaren, kann aber genau wie Weizen zum Backen verwendet werden.

Brot und Gebäck

Kamutbrot

Abb. rechte Seite

600 g Kamut
400 g Roggenvollmehl
42 g Germ
150 g Sauerteig (flüssig)
ca. 700 ml Wasser
2 EL Rapsöl
2 EL Brotgewürz
2–3 TL Salz

Den Kamut fein mahlen. Die Germ und den Sauerteig in der halben lauwarmen Wassermenge auflösen, mit den restlichen Zutaten zu einem mittelfesten Teig kneten und ca. 40 Minuten an einem warmen Ort bis zum doppelten Volumen rasten lassen. Den Teig halbieren, jede Hälfte rund wirken und mit dem Schluss nach unten auf ein vorbereitetes Backblech setzen. Die Brotlaibe mit lauwarmem Wasser bestreichen und ca. 40 Minuten ruhen lassen. Die Brote vor dem Backen mit einer Gabel mehrmals anstechen. Im vorgeheizten Backrohr bei 240 °C zunächst 5 Minuten backen, anschließend die Hitze auf 190 °C reduzieren und die Laibe noch ca. 60 Minuten fertig backen.

Mais

Mais ist fettreich, aber arm an den unentbehrlichen Aminosäuren Lysin und Tryptophan.

Mais wird bei uns vor allem zu Stärke, Grieß (Polenta), Cornflakes (das amerikanische Wort „corn" deutet stets darauf hin, dass es sich um Maisprodukte handelt) und Popcorn verarbeitet. Bei der Herstellung von Cornflakes, Maisstärke und Maismehlerzeugnissen wird der Keimling entfernt, denn er würde aufgrund seines Fettgehaltes zu einem raschen Ranzigwerden führen. Aus den Maiskeimen wird Maiskeimöl gewonnen.

Suppen

Hauptspeisen

Beilagen

Süße Hauptspeisen

Brot und Gebäck

Polenta-Kräuternockerln in Brokkoli-Schaumsuppe

Abb. rechte Seite

Nockerln

60 g Maisgrieß (Polenta)

1/2 kleine Zwiebel

20 g Butter

1 Zweig Dill

1/2 Bund Petersilie

125 ml Milch

1 Ei

Salz und Pfeffer

1 Prise Muskat

Suppe

250 g Brokkoli

1 kleine Zwiebel

20 g Butter

30 g Weizenmehl

100 ml Weißwein

750 ml Gemüsebrühe

125 ml Obers

Für die Nockerln die Zwiebel schälen, fein hacken und in der Butter hell dünsten lassen. Die Kräuter waschen und fein schneiden. Die Milch zum Kochen bringen, den Maisgrieß einrieseln lassen und rühren, bis sich die Masse vom Kochtopf löst. Den Topf mit der Grießmasse von der Herdplatte nehmen und auskühlen lassen.

In der Zwischenzeit für die Suppe den Brokkoli putzen, in Röschen teilen und waschen. Die Zwiebel schälen, fein hacken und in der Butter anschwitzen. Die Zwiebel mit dem Mehl stauben und mit dem Weißwein und der Gemüsebrühe aufgießen. Die Brokkoliröschen zugeben und weich kochen.

In die abgekühlte Polentamasse das Ei, die Kräuter und die gehackte Zwiebel gut einmengen. Mit Salz, Pfeffer und Muskat würzen und mit 2 TL kleine Nockerln formen. In leicht wallendem Salzwasser ca. 10 Minuten ziehen lassen.

Anschließend die Suppe mit dem Mixstab pürieren, das Obers zugeben und aufmixen. Die fertigen Polentanockerln in der Brokkoli-Schaumsuppe servieren.

Polentasuppe mit roten Bohnen

60 g Maisgrieß (Polenta)
1 kleine Zwiebel
20 g Butter, 1 EL Essig
1 l Gemüsebrühe
125 ml Obers, Salz
1 Prise Muskat
200 g rote Bohnen aus der Dose
40 g Kürbiskerne
1 TL Kürbiskernöl

Die Zwiebel schälen, fein hacken und in der Butter anschwitzen. Den Polenta zugeben und unter Rühren kurz rösten. Mit dem Essig ablöschen, mit der Gemüsebrühe aufgießen und 10 Minuten unter Rühren köcheln. Den Topf von der Herdplatte nehmen und das Obers in die nicht mehr kochende Suppe einrühren. Mit Salz und Muskat abschmecken. Die Suppe mit einem Stabmixer kräftig aufschlagen.

Die roten Bohnen abseihen, mit kaltem Wasser kurz abschwemmen und in die Suppe geben. Die Suppe nochmals erwärmen. Die Kürbiskerne in einer Pfanne trocken rösten, bis sie duften, und über die angerichtete Suppe streuen. Das Kürbiskernöl über die Suppe träufeln.

Polenta mit Gemüse und Butter

Abb. rechte Seite

400 g Maisgrieß (Polenta)
1,1 l Gemüsebrühe
1/2 TL getrockneter Majoran
1 Prise Muskat, Salz
600 g Gemüse nach Saison
50 g Butter
1 TL Curry

Den Maisgrieß und den Majoran in die kochende Gemüsebrühe einrühren und unter ständigem Rühren ca. 10 Minuten zu einem dicken Brei kochen. Auf der ausgeschalteten Herdplatte ca. 20 Minuten quellen lassen und mit Muskat, Curry und Salz abschmecken. Das Gemüse waschen, putzen, in kleine Stücke schneiden und dünsten. Die Butter schmelzen und über den angerichteten Maisgrieß und das Gemüse geben.

» Unser spezieller Tipp

Dieses Gericht eignet sich besonders für die schnelle Küche.

Polenta mit Gemüse und Butter

Polentaauflauf

Die Gemüsebrühe aufkochen und den Maisgrieß einrieseln lassen und unter ständigem Rühren 5–10 Minuten leicht köcheln lassen. Zwei Drittel der Polentamasse in die vorbereitete Auflaufform geben und glatt streichen, ein Drittel der Masse in der Größe der Auflaufform auf ein Backpapier streichen.

Die Zucchini waschen, der Länge nach dünn aufschneiden und in etwas Olivenöl beidseitig anbraten. Die Kräuter waschen und fein hacken. Die Tomaten blanchieren, schälen und zerkleinern. Die Zwiebel und den Knoblauch schälen, fein schneiden und gemeinsam mit dem Faschierten in wenig Öl anbraten. Danach die zerkleinerten Tomaten und den Weißwein zugeben und bei geringer Hitze 15 Minuten köcheln lassen. Die Fleischmasse mit Kräutern, Salz und Pfeffer abschmecken.

Den Mozzarella in Scheiben schneiden. Auf die Polentamasse in der Auflaufform die Zucchinistreifen legen, die Hälfte der Fleischsoße darüber verteilen, mit den Mozzarellascheiben belegen, die restliche Fleischsoße daraufgeben und mit dem auf dem Backpapier vorbereiteten Polenta abdecken. Den Käse reiben und den Auflauf damit bestreuen. Im vorgeheizten Backrohr bei 190 °C ca. 40 Minuten backen.

» Unser spezieller Tipp

Sie können natürlich auch gleich die gesamte Polentamasse in die Auflaufform geben und die übrigen Zutaten in Schichten oben anordnen.

300 g Maisgrieß (Polenta)
1 l Gemüsebrühe
2 kleine Zucchini
Olivenöl
1 Bund Petersilie
1 Zweig Oregano
1 Zweig Thymian
400 g Tomaten
1 Zwiebel
3 Knoblauchzehen
500 g Faschiertes
100 ml Weißwein
Salz und Pfeffer
250 g Mozzarella
100 g Gouda

Polentalaibchen mit Porreesoße

Laibchen
300 g Maisgrieß (Polenta)
750 ml Gemüsebrühe
1 Zwiebel
200 g Pressschinken
60 g Hartkäse (z. B. Emmentaler)
40 g Butter
200 g Topfen
Salz und Pfeffer
ev. Semmelbrösel
Rapsöl

Soße
1 kleine Zwiebel
Rapsöl
250 ml Gemüsebrühe
250 ml Obers
1/2 Zitrone
Salz und Pfeffer
1 mittlere Stange Porree

Die Gemüsebrühe zum Kochen bringen, den Maisgrieß einrieseln lassen, kurz aufkochen und bei ausgeschalteter Herdplatte zugedeckt 15 Minuten quellen lassen. In der Zwischenzeit die Zwiebel schälen und fein hacken, den Pressschinken klein schneiden und beides in der Butter anschwitzen. Danach mit dem Topfen, dem geriebenen Käse und dem Polenta vermengen, mit Salz und Pfeffer nach Geschmack würzen. Sollte die Masse zu weich sein, mit Semmelbröseln festigen. Mit nassen Händen aus der Masse Laibchen formen.

Für die Porreesoße die Zwiebel schälen, fein hacken, in Rapsöl anschwitzen und mit der Gemüsebrühe aufgießen. Dann das Obers zugeben und zu einer sämigen Soße reduzieren. Die Zitrone auspressen und gemeinsam mit Salz und Pfeffer zur Soße geben.

Den Porree putzen, der Länge nach aufschneiden und unter fließendem Wasser die einzelnen Schichten gründlich waschen. Danach in feine Streifen schneiden und in einem Topf mit leicht gesalzenem Wasser kurz kochen, Den Porree abseihen, unter fließendem kaltem Wasser abschrecken, gut abtropfen lassen und in die Soße einrühren.

Die Laibchen in heißem Rapsöl auf beiden Seiten goldbraun braten, abtropfen lassen und gemeinsam mit der Soße servieren.

Polentaknödel mit Käsefüllung

Die Milch und die Gemüsebrühe mit der Butter erhitzen, den Maisgrieß unter ständigem Rühren einrieseln lassen und so lange weiterkochen, bis ein dicker Brei entstanden ist. Den Brei von der Herdplatte nehmen und überkühlen lassen. Den Knoblauch schälen und fein hacken. Das Ei und den Knoblauch unter die Grießmasse rühren und nach Geschmack mit Salz und Pfeffer würzen. Den Schafkäse kleinwürfelig schneiden. Die Polentamasse in gleich große Stücke teilen, mit nassen Händen flach drücken, in die Mitte die Käsewürfel legen und Knödel formen.

Reichlich Salzwasser aufkochen und die Knödel darin ca. 10 Minuten leicht wallend ziehen lassen. In der Zwischenzeit die Kürbiskerne hacken. Die Knödel aus dem Wasser heben, gut abtropfen lassen, mit den gehackten Kürbiskernen bestreuen und z. B. mit Tomatensoße (siehe S. 91 von „Haferknödel mit Tomatensoße") servieren.

300 g Maisgrieß (Polenta)
250 ml Milch
500 ml Gemüsebrühe
60 g Butter
1 Knoblauchzehe
2 Eier
Salz und Pfeffer
100 g schnittfester Schafkäse
100 g Kürbiskerne

)) Unser spezieller Tipp

Probieren Sie eine Gorgonzola-Nuss Fülle, formen Sie daraus eher kleine Knödel und servieren Sie diese als Vorspeise mit
Fenchel-Trauben-Kompott:
Dazu den Fenchel putzen, die grünen Blätter beiseite legen. Die Fenchelknolle in Scheiben schneiden. Das Olivenöl in einer beschichteten Pfanne erhitzen, die Fenchelscheiben kurz andünsten, mit Wasser aufgießen, mit Salz, Pfeffer, Zitronensaft und Koriander würzen und 6–8 Minuten dünsten. Anschließend die halbierten Weintrauben noch einige Minuten mitdünsten. Mit den zarten grünen Fenchelblättern anrichten.

2 Fenchelknollen
2 EL Olivenöl
ca. 125 ml Wasser
Salz und Pfeffer
1 Msp. Korianderpulver
1/2 Zitrone
200 g Weintrauben

Gebackene Polentaknödel

160 g Maisgrieß
(Polenta)
250 ml Gemüsebrühe
1/2 grüner Paprika
1/2 roter Paprika
Salz und Pfeffer
160 g Topfen
2 Eier
1 Prise Muskat
Öl zum Herausbacken

Die Gemüsebrühe zum Kochen bringen, den Maisgrieß einrieseln lassen und rühren, bis sich die Masse vom Kochtopf löst. Den Topf mit der Grieß-masse von der Herdplatte nehmen und auskühlen lassen.

In der Zwischenzeit die Paprika waschen, putzen und in feine Würfel schneiden.

Die überkühle Grießmasse mit Salz, Pfeffer und Muskat würzen, den Topfen, die Paprikawürfel und die Eier unterrühren. Das Öl in einem Topf erhitzen. Kleine Knödel formen und im Öl schwimmend backen. Die Knödel mit dem Siebschöpfer herausheben, zum Abtropfen kurz auf Küchenpapier legen und anrichten.

» Unser spezieller Tipp

Die Polentaknödel können Sie zu verschiedenen Fleischspeisen wie z. B. Rinderbraten oder Putenrouladen servieren.

Polentaschnitten

130 g Maisgrieß
(Polenta)
300 ml Gemüsebrühe
20 g Butter
1 Lorbeerblatt
1 Prise Salz
1 Ei

Die Gemüsebrühe mit der Butter, dem Lorbeerblatt und Salz aufkochen. Den Maisgrieß einrieseln lassen und unter ständigem Rühren ca. 5 Minuten leicht köcheln lassen. Den Topf mit der Grießmasse von der Herdplatte nehmen, das Lorbeerblatt entfernen und auskühlen lassen. Das Ei in die abgekühlte Masse einrühren, auf ein vorbereitetes Backblech ca. 1 cm dick auftragen und im vorgeheizten Backrohr bei 180 °C 10 Minuten backen. Die gebackene Polentamasse nach Belieben in Rechtecke oder Rauten schneiden.

» Unser spezieller Tipp

Die Polentaschnitten bieten sich auch als Blickfang für ein kaltes Buffet an. Dafür schneiden Sie die noch warme Masse in beliebige Formen oder stechen mit einem kleinen Ausstecher unterschiedliche Formen aus und belegen diese nach dem Auskühlen mit Parmaschinken, Mozzarella, Oliven, Cocktailtomaten etc. – ganz nach Ihrer Phantasie.

Polentagugelhupf

Die Milch mit Salz, Muskat und Butter aufkochen. Den Maisgrieß einrieseln lassen und unter ständigem Rühren ca. 5 Minuten leicht köcheln lassen. Den Topf mit der Grießmasse von der Herdplatte nehmen und auskühlen lassen. Mehrere kleine Dampfpuddingformen mit flüssiger Butter ausstreichen und mit Semmelbröseln ausstreuen. Die Eiklar zu steifem Schnee schlagen. Die Dotter unter die Grießmasse rühren, den Schnee vorsichtig unterheben und die vorbereiteten Formen ca. zu drei Viertel füllen. Im vorgeheizten Backrohr bei 160 °C im Wasserbad (tiefes Backblech zur Hälfte mit Wasser füllen) 25–30 Minuten garen, danach aus den Puddingformen stürzen und gleich servieren.

100 g Maisgrieß (Polenta)
400 ml Milch
Salz
1 Prise Muskat
20 g Butter
3 Eiklar
3 Dotter
Butter für die Form
Semmelbrösel für die Form

》 Unser spezieller Tipp

Wenn Sie keine speziellen Dampfpuddingformen haben, können Sie auch kleine Souffléformen oder hitzebeständige Kaffeetassen verwenden.

Maisbrot mit Oliven und getrockneten Tomaten

250 g Maisgrieß (Polenta)
500 ml Wasser
70 g Oliven
50 g getrocknete Tomaten
30 g Germ
ca. 200 ml Wasser
1 Prise Zucker
250 g Weizenvollmehl
4 EL Olivenöl
1 TL Salz

Den Maisgrieß im Wasser unter ständigem Rühren aufkochen lassen, die Hitze reduzieren, 10 Minuten quellen und überkühlen lassen. Die Oliven und die Tomaten kleinwürfelig schneiden. Die Germ in der halben lauwarmen Wassermenge mit dem Zucker auflösen. Das Mehl mit dem Maisgrieß und den übrigen Zutaten zu einem glatten Teig verkneten. Den Teig ca. 30 Minuten an einem warmen Ort gehen lassen, dann nochmals durchkneten und zwei Laibe formen. Im vorgeheizten Backrohr bei 180 °C ca. 45 Minuten backen.

113

Quinoa

Hauptspeisen

Kuchen und Desserts

Brot und Gebäck

Quinoa hat eine besonders hohe ernährungsphysiologische Qualität. Im Vergleich zu Weizen enthält er mehr Ballaststoffe, Kalzium, Magnesium, Eisen und hat wie Amarant eine bessere Eiweißzusammensetzung. In der Schale der nur 1,5 bis 2 mm großen Samen finden sich jedoch bitter schmeckende Saponine, die die Verdaulichkeit beeinträchtigen. Bei uns erhältlicher Quinoa ist in der Regel frei von Bitterstoffen.

Die Deutsche Gesellschaft für Ernährung rät grundsätzlich bei Kindern unter zwei Jahren von Quinoa-Speisen ab, da nicht auszuschließen sei, dass Saponine noch in Spuren vorhanden sind.

Quinoakörner lassen sich wie Reis kochen. Gekochter Quinoa ist von weicher, aber dennoch körniger Beschaffenheit. Geeignet ist Quinoa auch für Frühstücks- und Snack-Produkte, Müsli und Müsliriegel.

Quinoamehl ist in einer Beimischung bis zu 20 % der gesamten Mehlmenge auch für die Herstellung von Kuchen, Brot und Teigwaren geeignet.

Quinoa-Obst-Auflauf (Süße Hauptspeise)
Abb. rechte Seite

200 g Quinoa
500 ml Milch
300 g Obst nach Saison (z. B. Beeren, Äpfel, …)
100 g Butter
120 g Staubzucker
4 Dotter
4 Eiklar
1 unbehandelte Zitrone
250 g Topfen
1 Packung Vanillezucker

In einem Topf die Milch aufkochen, den Quinoa dazugeben, die Hitze reduzieren, zugedeckt ca. 15 Minuten weich dünsten und anschließend überkühlen lassen. Das Obst vorbereiten (z. B. Beeren verlesen, Äpfel schälen und kleinwürfelig schneiden, …). Die Butter flaumig rühren und mit dem Staubzucker und den Dottern schaumig rühren. Aus dem Eiklar Schnee schlagen. Die Zitrone waschen und die Schale abreiben. Den Topfen, Vanillezucker und die Zitronenschale in den Abtrieb einrühren und den Quinoa, das vorbereitete Obst sowie den Schnee unterziehen. Die Masse in eine vorbereitete Auflaufform (oder in mehrere kleine Formen) füllen und im vorgeheizten Backrohr bei 180 °C ca. 50 Minuten backen. Bei kleinen Backformen verringert sich die Backzeit um ca. 20 Minuten.

Bunte Quinoa-Pfanne

200 g Quinoa
700 ml Gemüsebrühe
300 g Hühnerbrust
1/2 Bund Petersilie
1 Zweig Thymian
1 Zwiebel
2 EL Rapsöl
125 ml Wasser
1 Msp. Kümmel, gemahlen
Salz
250 g Tiefkühlmischgemüse oder 250 g Gemüse nach Saison
1/2 Tasse Kresse

In einem Topf die Gemüsebrühe aufkochen, den Quinoa dazugeben, die Hitze reduzieren und die Masse zugedeckt ca. 15 Minuten köcheln lassen. Die übrige Gemüsebrühe abgießen.

Die Hühnerbrust in Würfel schneiden. Die Kräuter waschen und fein hacken. Die Zwiebel schälen, fein hacken und im Rapsöl anschwitzen. Die Fleischwürfel zugeben und anbraten. Mit dem Wasser aufgießen, mit Kümmel, Salz und den Kräutern nach Belieben abschmecken und zugedeckt ca. 10 Minuten dünsten. Danach das Mischgemüse beigeben und weitere 10 Minuten dünsten lassen. Den Quinoa dazugeben, vermengen, abschmecken und mit Kresse bestreut servieren.

Quinoa-Fleischlaibchen

In einem Topf das Wasser aufkochen, Salz und den Quinoa dazugeben, die Hitze reduzieren, die Masse zugedeckt ca. 15 Minuten weich dünsten und anschließend überkühlen lassen. In der Zwischenzeit die Kräuter waschen und klein hacken. Das Faschierte, den Quinoa, das Ei, die Crème fraîche, die Kräuter und den Cayennepfeffer gut vermengen und Semmelbrösel nach Bedarf dazugeben. Mit nassen Händen aus der Masse 12 Laibchen formen und in heißem Öl beidseitig braten.

150 g Quinoa
300 ml Wasser
Salz
1/2 Bund Petersilie
1 Zweig Majoran
400 g Faschiertes
1 Ei
125 g Crème fraîche
1–2 EL Semmelbrösel
1 Prise Cayennepfeffer
Rapsöl zum Braten

Heidelbeer-Muffins

125 g Quinoa
125 g Weizenvollmehl
1/2 Packung Backpulver
50 g Butter
1 Ei
3 EL Honig
100 g Sauerrahm
150 g Vanillejoghurt
300 g Heidelbeeren

Den Quinoa fein mahlen und mit dem Weizenvollmehl sowie dem Backpulver vermischen. Die Butter schmelzen und überkühlen lassen. Währenddessen das Ei mit dem Honig, dem Sauerrahm und dem Vanillejoghurt verrühren und danach die abgekühlte, aber noch flüssige Butter unterrühren. In diese Masse die Mehlmischung einrühren und danach die Heidelbeeren vorsichtig untermengen. Die Papiermuffinförmchen drei Viertel hoch mit dem Teig füllen, in die Vertiefungen des Muffinbleches setzen und im vorgeheizten Backrohr bei 180 °C ca. 30 Minuten backen.

》 Unser spezieller Tipp

Diese Muffins sind rasch zubereitet und schmecken auch mit Pfirsichstücken (eventuell auch aus der Dose) sehr gut.
Wenn Sie kein Muffinblech zu Hause haben, können Sie ein Backblech verwenden und die Papierförmchen mit etwas Abstand darauf platzieren. Dabei empfiehlt es sich, vor dem Einfüllen des Teiges mehrere Förmchen ineinander zu stellen, damit die Muffins auch ihre Form behalten.
Anstatt Quinoa kann auch Kamut verwendet werden.

Würzige Quinoa-Fladen

» Unser spezieller Tipp

Knoblauchfans können Olivenöl mit sehr fein gehacktem Knoblauch vermischen und die noch heißen Fladen damit bestreichen.

Den Quinoa fein mahlen und mit den anderen Mehlen und Salz vermengen. Den Sauerteig und die Germ in der halben Wassermenge (lauwarm) auflösen. Den Knoblauch schälen und zerkleinern. Alle Zutaten (Wasser nach Bedarf) zu einem geschmeidigen Teig verkneten und 50 Minuten gehen lassen.

Den Teig in drei gleich große Stücke teilen, zu Laibchen formen und 2 cm dick ausrollen. Auf beiden Seiten gut mit Roggenmehl bestauben, auf vorbereitete Backbleche geben und ca. 20–25 Minuten gehen lassen.

Das Backrohr auf 240 °C vorheizen. Die Fladen ins Rohr geben, die Hitze auf 180 °C reduzieren und die Fladen ca. 20 Minuten backen.

200 g Quinoa
200 g Roggenmehl
100 g Weizenvollmehl
3 TL Salz
10 g Sauerteig (trocken)
30 g Germ
ca. 400 ml Wasser
3 Knoblauchzehen

Quinoabrot mit Buttermilch

Den Quinoa fein mahlen. Die Germ in der halben Wassermenge (lauwarm) auflösen und mit der Buttermilch verrühren. Alle Zutaten zu einem mittelfesten Teig verarbeiten und gut durchkneten. Den Teig an einem warmen Ort 40 Minuten gehen lassen. Den Teig nochmals durchkneten, halbieren und zu zwei Wecken formen. Die Wecken auf ein vorbereitetes Backblech geben, nochmals ca. 30 Minuten gehen lassen. Mit Wasser bestreichen, mit den Gewürzen wie Fenchel, Anis oder Koriander bestreuen, die Gewürze etwas andrücken, die Wecken dreimal quer einschneiden. Das Backrohr auf 230 °C vorheizen, die Wecken 10 Minuten bei dieser Temperatur backen. Anschließend die Temperatur auf 190 °C reduzieren und das Brot noch ca. 50 Minuten fertig backen.

210 g Quinoa
500 g Dinkelmehl
130 g Roggenmehl
42 g Germ
ca. 500 ml Wasser
80 ml Buttermilch
4 TL Salz
2 EL Brotgewürz
Fenchel, Anis oder Koriander zum Bestreuen

Reis

Reis wird vorwiegend als Nahrungsgetreide angebaut. Naturreis quillt weniger stark auf als geschälter Reis und benötigt doppelte Kochzeiten. Langkornreis ist hart und glasig, er bleibt beim Kochen körnig und locker. Er eignet sich gut als Beilage und für Salate. Rundkornreis eignet sich aufgrund seiner Kocheigenschaften sehr gut für süße Reisspeisen und Aufläufe.

Hauptspeisen

Süße Hauptspeisen

Kuchen und Desserts

Salate

Griechischer Reissalat (Salat)

Abb. rechte Seite

150 g Wildreis
280 ml Wasser
300 g grüne Zucchini
200 g Melanzani
1 gelber Paprika
1 roter Paprika
4 Tomaten
1/2 Bund Frühlingszwiebeln
2 EL Olivenöl
1/2 Gurke
200 g Schafkäse
50 g grüne Oliven
50 g schwarze Oliven

Marinade
1/2 Bund Petersilie
1 Bund Schnittlauch
3 Blätter Basilikum
2 Knoblauchzehen
125 ml Olivenöl
100 ml Balsamicoessig
Salz und Pfeffer

Das Wasser aufkochen, salzen, den Reis dazugeben und ca. 40 Minuten dünsten. In der Zwischenzeit 200 g Zucchini, die Melanzani, die Paprikaschoten, 3 Tomaten und ca. drei Viertel der Zwiebeln waschen und/oder putzen, klein würfeln und im Olivenöl bissfest rösten. Mit Salz und Pfeffer nach Geschmack würzen.

Den gegarten Reis mit der Gemüsemischung vermengen und auskühlen lassen.

Die Kräuter waschen und fein schneiden. Den Knoblauch schälen und fein hacken.

Das Olivenöl, den Balsamicoessig, die Kräuter, den Knoblauch, das Salz und den Pfeffer zu einer Marinade verrühren. 1/3 dieser Marinade über die ausgekühlte Reis-Gemüse-Mischung geben, vermischen und mehrere Stunden im Kühlschrank ziehen lassen.

Das noch übrige Gemüse waschen und/oder putzen und klein würfeln. Den Schafkäse in kleine Würfel schneiden. Die Oliven enkernen und ev. halbieren. Alles mit der restlichen Marinade vermischen und kurz ziehen lassen. Mit der Reis-Gemüse-Mischung vermengen und nochmals abschmecken. Den Reissalat mit schwarzen Oliven, Schafkäsewürfeln und Schnittlauch garnieren.

⟩⟩ Unser spezieller Tipp

Der Reis „schluckt" sehr viel Würze. Achten Sie deshalb darauf, dass die Marinade kräftig gewürzt ist. Servieren Sie zu diesem vorzüglichen sommerlichen Abendessen Baguette.

Fisch-Reispfanne

200 g Naturreis
350 ml Gemüsebrühe
2 Karotten
200 g Zucchini
200 g Tomaten
1 grüner Paprika
1 große Zwiebel
4 EL Olivenöl
Salz
1 Msp. Paprikapulver
1/2 Bund Petersilie
3 Blätter Basilikum
1 Zitrone
400 g Dorsch- oder Pangasiusfilet
Salz und Pfeffer
1 Msp. gemahlener Rosmarin

Die Karotten waschen, schälen und in dünne Scheiben schneiden. Die Zucchini, die Tomaten und den Paprika waschen und in kleine Würfel schneiden.

Die Zwiebel schälen, fein schneiden und in 1 EL Olivenöl andünsten. Den Naturreis waschen, zugeben, kurz anschwitzen und alles mit der Gemüsebrühe aufgießen. Die Karotten, Salz und das Paprikapulver dazugeben und mitdünsten. Die Zucchini-, Tomaten- und Paprikawürfel zum halbgaren Reis geben und mitdünsten, bis der Reis ganz gar ist.

Die Kräuter waschen und fein schneiden. Die Zitrone auspressen und die Fischfilets mit dem Saft beträufeln, salzen und mit gemahlenem Rosmarin würzen und in 3 EL Olivenöl braten. Die fertigen Fischfilets in große Stücke teilen, mit den Kräutern unter das Reisgemisch mengen und mit Salz und Pfeffer abschmecken.

» Unser spezieller Tipp

Dieses Reisgericht eignet sich besonders als schnelle Fischmahlzeit. Käseliebhaber verfeinern diese Spezialität noch mit frisch geriebenem Parmesan.

Naturreislaibchen

Den Reis waschen und gut abtropfen lassen Die Zwiebel und den Knoblauch schälen, fein hacken und in der Butter andünsten. Den Reis zugeben, mit der Gemüsebrühe aufgießen, zugedeckt ca. 30 Minuten kernig dünsten und auskühlen lassen.

In der Zwischenzeit den Sellerie putzen und fein reiben. Den Bergkäse ebenfalls fein reiben. Die Kräuter waschen und fein hacken. Den ausgekühlten Reis mit dem Sellerie, dem Bergkäse und den Eiern gut vermengen. Die Masse mit der Sojasoße, dem Kräutersalz und den Kräutern würzen. Mit nassen Händen daraus 12 Laibchen formen. Das Dinkelmehl und den Sesam vermischen und die Laibchen vorsichtig darin wenden. In heißem Rapsöl beidseitig braten.

❭❭ Unser spezieller Tipp

Servieren Sie zu den Naturreislaibchen folgende Gemüsesoße:
100 g Wurzelgemüse, 1 Zwiebel, 20 g Butter, ca. 250 ml Gemüsebrühe,
3 EL Obers
Das Gemüse und die Zwiebel vorbereiten und zerkleinern. Die Zwiebel in der Butter andünsten, das Gemüse dazugeben, mit der Gemüsebrühe aufgießen und dünsten. Mit dem Obers pürieren und abschmecken.

200 g Naturreis
400 ml Gemüsebrühe
1 Zwiebel
2 Knoblauchzehen
40 g Butter
100 g Sellerie
100 g Bergkäse
1/2 Bund Petersilie
1 Zweig Oregano
2 Eier
1 EL Sojasoße
1 TL Kräutersalz
100 g Dinkelmehl
2 EL Sesam
Rapsöl

Süßer Reisauflauf mit Topfen

200 g Rundkornreis
750 ml Milch
1 Prise Salz
1/2 unbehandelte Zitrone
60 g Butter
60 g Staubzucker
3 Dotter
2 Tropfen Bittermandel-Aroma
250 g Topfen
2 EL Obers
3 Eiklar

Die Milch mit dem Salz aufkochen, den Reis dazugeben, ca. 25 Minuten dünsten und auskühlen lassen. Die Zitrone waschen, die Schale abreiben und den Saft auspressen. Die Butter flaumig rühren und mit dem Staubzucker, den Dottern, dem Bittermandel-Aroma, dem Saft und der Schale der Zitrone schaumig rühren. Den Topfen, das Obers und den Reis in den Abtrieb einrühren.

Die Eiklar zu Schnee schlagen und vorsichtig unterheben. Die Masse in eine vorbereitete Auflaufform füllen und im vorgeheizten Backrohr bei 170 °C ca. 45 Minuten backen.

Zimtrisotto

Die Milch mit dem Zucker und dem Zimt aufkochen und den Topf zur Seite stellen. Den Reis in der Butter kurz anschwitzen, mit der Zimtmilch aufgießen und bei schwacher Hitze unter häufigem Umrühren weich garen. Bei Bedarf Milch nachgießen. Währenddessen die Schokolade raspeln und unter den fertig gegarten Milchreis rühren. Das Obers steif schlagen und unterheben.

100 g Rundkornreis
600 ml Milch
50 g Zucker
2 TL Zimt
20 g Butter
50 g weiße Schokolade
100 ml Obers

Exotischer Reissalat

Das Wasser aufkochen, salzen, den Reis dazugeben, ca. 20 Minuten dünsten, nach 15 Minuten Garzeit die Erbsen dazugeben und nach der Garzeit auskühlen lassen. Die Banane schälen und in Scheiben schneiden, die Ananasscheiben in Stücke schneiden, die Kirschen entsteinen und halbieren und die Pfefferoni ringelig schneiden. Für die Marinade das Öl, den Essig sowie die Gewürze verrühren und mit den Zutaten vermengen. Den Sesam trocken erhitzen, bis er duftet, und über den Salat streuen.

» Unser spezieller Tipp

Geben Sie so viel Flüssigkeit dazu (z. B. Ananassaft oder Wasser), dass der Salat saftig schmeckt.

100 g Basmatireis
200 ml Wasser
1 EL Sesam
50 g Erbsen (tiefgekühlt)
1 Banane
3 Scheiben Ananas
5 Kirschen
1/2 milder Pfefferoni
2 EL Sesamöl
2 EL Apfelessig
Salz und Pfeffer

Roggen

Roggen wird in Österreich als „Korn" bezeichnet. Er ist nach dem Weizen das wichtigste Brotgetreide. Er schmeckt würziger als Weizen und bindet mehr Wasser. Roggenbrot bleibt daher länger frisch als Weizenbrot.

Suppen

Hauptspeisen

Beilagen

Brot und Gebäck

Aufstriche

Paprika mit Roggen-Käse-Fülle (Hauptspeise)
Abb. rechte Seite

Fülle
100 g Roggen
250 ml Gemüsebrühe
Salz
1 Blatt Liebstöckel
1 Lorbeerblatt
1 Prise Muskat
1 Msp. Cayennepfeffer
1 Prise Piment
1 kleine Zwiebel
3 Zehen Knoblauch
1 kleine Karotte
50 g Knollensellerie
50 g Porree
200 g Emmentaler
1/2 Bund Petersilie
1 Ei, Salz

6 grüne Paprika
Butter
Gemüsebrühe

Den Roggen schroten. Die Gemüsebrühe aufkochen, Salz, das Liebstöckelblatt, das Lorbeerblatt, Muskat, Cayennepfeffer und Piment dazugeben, den Schrot einstreuen, 5 Minuten köcheln lassen, von der Herdplatte nehmen und 10 Minuten zugedeckt quellen lassen. Das Liebstöckel- und das Lorbeerblatt entfernen. Die Zwiebel und den Knoblauch schälen und fein schneiden. Die Karotte und den Knollensellerie waschen, schälen und fein raspeln. Den Porree putzen, der Länge nach aufschneiden, unter fließendem Wasser Schicht für Schicht waschen und in feine Streifen schneiden. Den Emmentaler fein reiben. Die Petersilie waschen und fein hacken. Die Roggenmasse mit dem Gemüse, dem Ei, der Petersilie und 2/3 des Käses gut vermischen und abschmecken.

Die Paprika waschen, der Länge nach halbieren und die Kerne entfernen. Die Paprika mit der Roggen-Gemüse-Masse füllen, in eine vorbereitete Auflaufform geben und mit dem restlichen Käse bestreuen. Mit Butterflocken belegen und im vorgeheizten Backrohr bei 180 °C ca. 30 Minuten backen. Während des Backens mit etwas Gemüsebrühe untergießen.

Bäuerliche Brotsuppe

200 g Roggenvollkorn-
brot (ev. altbacken)
60 g Butter
750 ml Gemüsebrühe
1 Dotter
1 TL getrockneter
Majoran
1 TL Kräutersalz
3 EL Obers
1/2 Bund Schnittlauch

Das Vollkornbrot in kleine Würfel schneiden und in Butter anrösten. Mit der Gemüsebrühe aufgießen, den Dotter einrühren, den Majoran und das Kräutersalz zugeben und 10 Minuten kochen. Das Obers einrühren und anschließend die Suppe pürieren und abschmecken. Den Schnittlauch waschen, fein schneiden und die Suppe damit verfeinern.

Rustikale Flockensuppe

80 g Roggenflocken
1 l Gemüsebrühe
1 Zwiebel
250 g Suppengemüse
(z. B. Karotten, Sellerie,
Porree ...)
30 g Butter
1 Prise gemahlener
Kümmel
Kräutersalz
1/2 Bund Schnittlauch

Die Zwiebel schälen und fein hacken. Das Suppengemüse putzen, waschen und in feine Streifen schneiden. Die Zwiebel und das Gemüse in der Butter andünsten, die Roggenflocken mitrösten und mit der Gemüsebrühe aufgießen. Die Suppe ca. 5 Minuten kochen, mit Kümmel und Kräutersalz abschmecken. Den Schnittlauch waschen, fein schneiden und die Suppe mit dem Schnittlauch servieren.

Mehlknödel

200 g Roggenmehl
400–500 ml Rindsuppe
1 Prise Muskat
Salz

Das Mehl mit Muskat und Salz vermischen und mit so viel Suppe vermengen, dass ein ziemlich fester Teig entsteht. Aus der Masse ca. 10 Knödel formen und in Salzwasser oder Fleischsuppe kochen.

Zwiebelbrot

Roggen- und Weizenmehl in eine große Schüssel sieben und in die Mitte eine Vertiefung drücken. Die Germ und den Zucker in 5 EL lauwarmem Wasser auflösen und dann in die Mehlmulde geben. Mit etwas Mehl zu einem Brei vermischen und zugedeckt an einem warmen Ort 15 Minuten gehen lassen. Die Pfefferkörner in einem Mörser grob zerdrücken. Das restliche lauwarme Wasser, den Sauerteig, das Salz und die Gewürze hinzugeben und alles zu einem glatten Teig verkneten. Den Teig etwa 15 Minuten gut kneten, bis er fest und geschmeidig ist und nicht mehr klebt. Den Teig zugedeckt 30 Minuten gehen lassen, bis sich das Volumen verdoppelt hat.

Die Röstzwiebeln in den Teig geben und kurz kneten, bis sie gleichmäßig im Teig verteilt sind. Einen Wecken formen und diesen auf ein vorbereitetes Backblech legen. Zugedeckt 45 Minuten gehen lassen. Mit lauwarmem Wasser bepinseln und die Oberfläche fünfmal mit einem scharfen Messer 0,5 cm tief schräg einschneiden. Im vorgeheizten Backrohr bei 250 °C 10 Min. unten backen, dann die Hitze auf 200 °C reduzieren und noch 45 Minuten backen.

500 g Roggenmehl
250 g Weizenmehl
42 g Germ
1 TL Zucker
ca. 400 ml lauwarmes Wasser
1/2 TL Pfefferkörner
150 g Sauerteig (flüssig)
3 TL Salz
1/4 TL gemahlener Koriander
1/4 TL Kardamom
80 g Röstzwiebeln

» Unser spezieller Tipp

Anstelle von Röstzwiebeln kann man auch 200 g gewürfelten Schinken in den Teig kneten.

Langhammerbrot

170 g Weizenmehl
Type 700
200 g Weizenvollmehl
370 g Roggenmehl
42 g Germ
1/2 TL Zucker
ca. 500 ml Wasser
80 g Mandeln
5 TL Brotgewürz
7 EL Sonnenblumenkerne
5 EL Leinsamen
3–4 TL Salz
40 ml Buttermilch

Die Germ mit dem Zucker, 2 EL Weizenmehl und 3 EL Wasser (lauwarm) zu einem Vorteig verrühren und zugedeckt gehen lassen. Die Mandeln fein reiben. Sämtliche Zutaten mit dem Vorteig mischen, 15 Minuten zu einem mittelfesten Teig kneten und ca. 1 Stunde gehen lassen (doppeltes Volumen). Den Teig nochmals durchkneten, halbieren, zu hohen Laiben formen und nochmals 30 Minuten gehen lassen. Die Oberfläche mit Milch bestreichen, mit der Gabel mehrmals anstechen. Das Backrohr auf 230 °C vorheizen, die Laibe 10 Minuten bei dieser Temperatur backen. Anschließend die Temperatur auf 200 °C reduzieren und noch ca. 50 Minuten weiter backen.

Roggen-Kräuteraufstrich

50 g Roggen
150 ml Gemüsebrühe
1 kleine Zwiebel
1 Knoblauchzehe
50 g Butter
1/2 Bund Petersilie
1/2 Bund Schnittlauch
125 g Topfen
Kräutersalz
Pfeffer

Den Roggen mittelfein schroten. Die Gemüsebrühe aufkochen, den Roggenschrot einrieseln und unter Rühren aufkochen lassen, bei ausgeschalteter Herdplatte quellen und anschließend überkühlen lassen. Die Zwiebel und den Knoblauch schälen und fein hacken. Die Butter schmelzen und die Zwiebel sowie den Knoblauch darin anschwitzen. Die Kräuter waschen und fein hacken. Den Topfen glatt rühren, den überkühlten Roggenschrot, die Zwiebel-Knoblauch-Mischung, die Petersilie, den Schnittlauch, Salz und Pfeffer einrühren.

Knäckebrot

Alle Zutaten zu einem geschmeidigen Teig verkneten. Er darf nicht mehr kleben. Den Teig sehr dünn ausrollen, aufs befettete Backblech legen, in 7 x 14 cm große Stücke schneiden und diese mit der Gabel mehrmals anstechen. Die Brotstücke sofort nach dem Backen auf Tüchern ausbreiten, zugedeckt auskühlen lassen und in gut schließenden Gefäßen aufbewahren.
   Backzeit: 40 Minuten, Backtemperatur: 200 °C

300 g Roggenmehl
200 g Weizenmehl
10 g Germ
80 g weiche Butter
1 EL Honig
1 TL Salz
1/2 l Milch

Roggen-Haferbrot

Geschälter Hafer oder grobe Haferflocken werden in der Hausmühle so fein wie möglich gemahlen. Den Sauerteig weicht man ein, rührt ihn glatt und dampfelt ihn in das gemischte Mehl ein. Sobald das Dampfl genügend gegangen ist, bereitet man mit den übrigen Zutaten einen mittelfesten Brotteig, den man etwa 2 Stunden rasten lässt, daraus formt man einen Wecken oder Laib, lässt ihn nochmals kurz aufgehen und bäckt ihn anschließend.
   Backzeit: 60 Minuten, Backtemperatur: 210 °C

500 g Roggenmehl
250 g Hafermehl
1/2 l Wasser
100 g Sauerteig
10 g Germ
10 g Salz
1 EL Kümmel und Anis

Buttermilchbrot

Den Sauerteig in warmem Wasser glattrühren – das Mehl sieben – eindampfeln, dann mit allen Zutaten den Teig bereiten, diesen gut kneten. Die Buttermilch zur Gänze verwenden, mit dem Wasser eventuell etwas zurückhaltend sein. Den Teig nach dem Rasten wirken und nach kurzem Aufgehen mit dem Dampf backen (drei Brote formen).
   Backzeit: 60 Minuten, Backtemperatur: 220 °C

2 kg Roggenmehl
200 g Sauerteig
1 l Buttermilch
3/8–4/8 l warmes Wasser
40 g Salz
2 EL gemahlener Kümmel
2 EL Anis

Weizen

Weizen hat einen hohen Klebereiweißgehalt und somit eine besonders gute Backfähigkeit. Weichweizen liefert gut backfähige Mehle für Brot, Gebäck, Feinbackwaren und Mehlspeisen. Hartweizen (Durumweizen) ist noch kleberreicher als Weichweizen und besonders zur Herstellung von Teigwaren geeignet.

Alle Süßspeisen mit Weizenmehl können Sie auch mit Dinkelmehl zubereiten.

Süße Grießknödel mit Weichselsoße

Abb. rechte Seite

Knödel
200 g Weizengrieß
1/2 Vanilleschote
500 ml Milch, 3 Eier
100 g Butter, 50 g Zucker
1/2 unbehandelte Zitrone
70 g Semmelbrösel
Weichselsoße
1 l Weichselkompott (ohne Stein)
350 ml Weichsel- kompottsaft
150 ml Rotwein
50 g Zucker
20 g Maisstärke
2 EL Wasser

100 g Mandeln
40 g Butter
30 g Staubzucker

Die Vanilleschote der Länge nach aufschneiden und das Mark mit einem kleinen Messer auskratzen. Die Milch mit der Butter, dem Zucker, der geriebenen Zitronenschale sowie dem Mark der Vanilleschote aufkochen. Den Weizengrieß zugeben und unter Rühren dickbreiig einkochen. Die Masse überkühlen lassen und anschließend die Eier und die Semmelbrösel einrühren. Die Masse 30 Minuten kühl stellen.

Für die Soße währenddessen das Weichselkompott abseihen, den Weichselsaft auffangen und 350 ml davon mit dem Rotwein vermischen. Die Flüssigkeit mit dem Zucker aufkochen, die Maisstärke mit dem Wasser glatt rühren, in die kochende Flüssigkeit einrühren, aufkochen lassen und die Weichseln dazugeben.

Aus der Grießmasse mit nassen Händen kleine Knödel formen, in kochendes Salzwasser einlegen und ca. 15 Minuten köcheln lassen. In der Zwischenzeit die Mandeln reiben, die Butter schmelzen, die geriebenen Mandeln darin vorsichtig rösten und mit dem Staubzucker vermischen. Die gegarten Knödel darin wälzen. Mit der lauwarmen Weichselsoße anrichten und überzuckern.

Mediterrane Brotsuppe

120 g Vollkornbrot
750 ml Gemüsebrühe
3 Tomaten, 1 Zwiebel
2 Zehen Knoblauch
2 EL Olivenöl
1 Zweig Oregano
1 Zweig Thymian
Pfeffer
20 g Butter
8 grüne Oliven
1 EL Kapern
1 EL Rosinen

Die Tomaten blanchieren, schälen und würfelig schneiden. Die Zwiebel und den Knoblauch schälen und fein hacken. Die Zwiebel in Olivenöl anschwitzen, mit der Gemüsebrühe aufgießen, den Knoblauch, die Kräuterzweige und Pfeffer dazugeben. Die Tomatenwürfel zur Suppe geben und ca. 10 Minuten köcheln lassen. In der Zwischenzeit das Vollkornbrot in kleine Würfel schneiden und in der Butter rösten. Die Kräuterzweige aus der Suppe nehmen. Die Oliven ev. entkernen und vierteln. Danach die Kapern, die Rosinen und die Oliven zur Suppe geben und kurz ziehen lassen. Mit den gerösteten Brotwürfeln bestreuen und servieren.

Käsekugeln

60 g Weizenvollmehl
30 g Haselnüsse
30 g Gouda
60 g Butter
1 EL Gemüsebrühe
1 Ei, 1 Dotter
1 TL Salz
1 Prise Muskat

Die Haselnüsse und den Käse fein reiben. Die Butter flaumig rühren und die Gemüsebrühe, das Ei, den Dotter, Salz und Muskat einrühren. Die Nüsse, den Käse und das Weizenvollmehl gründlich mit der Eimasse verrühren. Im Kühlschrank 30 Minuten rasten lassen. Kleine Kugeln (2 cm Durchmesser) formen und in Salzwasser 15 Minuten garen. Die Käsekugeln in klarer Suppe anrichten.

Safran-Grießnockerln

In einer Pfanne den Grieß ohne Fett auf niedriger Stufe rösten, bis er zu duften beginnt. Die Milch, die Gemüsebrühe und die Safranfäden aufkochen und mit den Gewürzen abschmecken. Den Grieß unter Rühren dazugeben, dickbreiig einkochen lassen, vom Herd nehmen und auskühlen lassen.

Die Butter schmelzen, das Ei verquirlen und beides mit der Grießmasse gut vermengen. Nockerln formen, in reichlich kochendes Salzwasser einlegen und ca. 15 Minuten knapp unter dem Siedepunkt ziehen lassen. Die Nockerln herausnehmen und in einer klaren Suppe servieren.

120 g Weizengrieß
175 ml Milch
175 ml Gemüsebrühe
einige Safranfäden
1 Prise Muskat
Salz und Pfeffer
50 g Butter
1 Ei

Zucchini-Cremesuppe mit Käsefädle

Den Käse reiben. Die Petersilie waschen und fein hacken. Das Weizenvollmehl, das Weizenmehl, die Eier und die Milch verrühren, den Käse (z. B. Gouda), Salz und die Petersilie unterrühren und 30 Minuten stehen lassen. In einer Pfanne mit wenig Öl dünne Palatschinken backen, auskühlen lassen und in dünne Streifen schneiden.

Die Zucchini waschen, in Scheiben schneiden und in der halben Suppenmenge weich dünsten. Den Knoblauch schälen, fein hacken und mit der restlichen Rindssuppe in die Zucchinisuppe geben. Die Suppe pürieren, abschmecken und mit den Käsefädle servieren.

Käsefädle
30 g Weizenvollmehl
30 g Weizenmehl
100 g Schnittkäse
1/2 Bund Petersilie
2 Eier, 100 ml Milch
Salz, Rapsöl

Suppe
500 g Zucchini
750 ml Rindsuppe
1 Knoblauchzehe

Porreekuchen mit Erdnüssen

Teig
150 g Weizenvollmehl
150 g Weizenmehl
50 g Hartkäse
(z. B. Emmentaler)
40 g Butter
6 g Trockenhefe
1 TL gemahlener Kümmel
1 TL Salz
1 Ei
80 ml Wasser

Fülle
1 Zwiebel
200 g Porree
20 g Butter
2 EL Gemüsebrühe
1 Zweig Thymian
1 Zweig Rosmarin
Salz und Pfeffer
100 g Hartkäse (z. B. Emmentaler)
50 g gesalzene Erdnüsse

Guss
2 Eier
100 g Crème fraîche
1/2 TL Salz

Den Käse reiben und die Butter schmelzen. Das Weizenvollmehl und das Weizenmehl mit der Hefe, dem Kümmel, dem Salz, dem Käse, der Butter, dem Ei und dem Wasser zu einem glatten Teig verkneten. Den Teig zugedeckt ca. 50–60 Minuten gehen lassen, bis sich das Volumen verdoppelt hat.

In der Zwischenzeit für die Fülle die Zwiebel schälen und in feine Ringe schneiden. Den Porree der Länge nach aufschneiden, unter fließendem Wasser Schicht für Schicht gründlich waschen und in feine Streifen schneiden. Die Zwiebel in der Butter glasig andünsten, den Porree und die Gemüsebrühe dazugeben. Das Gemüse etwa 5 Minuten dünsten, es soll kernig bleiben. Die Kräuter waschen und fein hacken. Das Gemüse mit Salz, Pfeffer und den Kräutern kräftig abschmecken. Den Käse grob reiben.

Für den Guss die Eier mit der Crème fraîche und dem Salz verquirlen.

Den Teig nochmals durchkneten, ausrollen, eine vorbereitete Tortenform damit auslegen und am Rand 2 cm hochziehen. Die Hälfte des Käses auf dem Teigboden verteilen und das Gemüse daraufgeben, mit dem restlichen Käse und den Erdnüssen bestreuen und die Eimasse darübergießen. Den Porreekuchen im vorgeheizten Backrohr bei 200 °C ca. 45 Minuten goldgelb backen.

Kohllaibchen mit Zartweizen

Den Zartweizen in der Gemüsebrühe kochen und auskühlen lassen.

Den Kohl waschen, den Strunk entfernen und die Blätter in Salzwasser blanchieren. Die Kohlblätter unter fließendem kaltem Wasser abschrecken, gut ausdrücken und klein schneiden. Die Karotten waschen, schälen und grob raspeln. Den Käse grob reiben.

Die Semmelwürfel in der Milch einweichen und ca. 15 Minuten ziehen lassen. Die Petersilie waschen und fein hacken. Das Knödelbrot, den Zartweizen, die Eier, den Kohl, die Karotten, den Käse und die Petersilie vermengen und mit Salz, Pfeffer und Muskat nach Geschmack würzen. Mit nassen Händen aus dieser Masse 12 Laibchen formen und in Rapsöl bei geringer Hitze beidseitig braten.

Für die Soße die Tomaten blanchieren, schälen und in kleine Würfel schneiden. Den Porree putzen, der Länge nach aufschneiden, unter fließendem Wasser Schicht für Schicht waschen und in feine Streifen schneiden. Die Porreestreifen in Salzwasser blanchieren, abseihen und gut abtropfen lassen.

Die Zwiebel schälen und fein hacken. Die Gemüsebrühe aufkochen, die Zwiebelwürfel und das Obers hineingeben und kochen, bis eine sämige Soße entsteht. Nach Geschmack mit Salz, Pfeffer, Muskat und etwas Zitronensaft würzen. Die Porreestreifen und die Tomatenwürfel dazugeben, kurz erwärmen und abschmecken.

Laibchen

125 g Zartweizen

250 ml Gemüsebrühe

1/2 Kohlkopf

2 Karotten

80 g Hartkäse
(z. B. Bergbaron)

200 g Semmelwürfel

250 ml Milch

1 Bund Petersilie

3 Eier

1 Prise Muskat

Salz und Pfeffer

Rapsöl

Soße

2 Tomaten

1/2 Stange Porree

1/2 Zwiebel

300 ml Gemüsebrühe

125 ml Obers

Salz und Pfeffer

1 TL Zitronensaft

1 Prise Muskat

Schweinskarree mit Vollkornfülle

Fülle
150 g Weizen
1 Zwiebel
1 EL Öl
2 Knoblauchzehen
1/2 Bund Petersilie
80 g Semmelwürfel
100 ml Milch
2 Eier
1 Prise Cayennepfeffer
Salz und Pfeffer
ev. Semmelbrösel

800 g Schweinskarree ohne Schwarte, ausgelöst
1 mittlere Zwiebel
3 Knoblauchzehen
2 TL gemahlener Kümmel
1 TL Paprikapulver
Salz
Pfeffer

200 ml Rindsuppe

Für die Fülle den Weizen in reichlich Wasser weich kochen, abgießen und auskühlen lassen. In der Zwischenzeit die Zwiebel schälen, sehr fein hacken und in dem Öl hell rösten. Aus der Pfanne nehmen und kalt werden lassen. Die Knoblauchzehen schälen und zerkleinern. Die Petersilie waschen und fein schneiden. Die Semmelwürfel in der Milch einweichen und gut ausdrücken. Den Weizen, die Eier, die Semmelwürfel, die Zwiebel, die Petersilie und den Knoblauch gut miteinander vermengen und nach Geschmack mit Cayennepfeffer, Salz und Pfeffer würzen. Die Konsistenz der Fülle ev. mit Semmelbröseln festigen.

Das Karree putzen und längs zur Faser zu einer fingerdicken Platte aufschneiden. Die Zwiebel und den Knoblauch schälen und zerkleinern. Das Fleisch beidseitig mit Knoblauch, Kümmel, Paprikapulver, Salz und Pfeffer würzen. Die Fülle auf dem Fleisch verteilen, einrollen und mit Küchenspagat fixieren. Das Karree und die Zwiebel in eine vorbereitete Bratform geben und die Rindsuppe eingießen. Den Braten unter häufigem Begießen mit der Rindssuppe bei 180 °C ca. 80 Minuten braten.

» Unser spezieller Tipp

Statt Weizen können Sie für die Fülle auch Dinkel verwenden!

Perlweizen-Schwammerl-Rolle

Den Perlweizen in der Gemüsebrühe weich dünsten und auskühlen lassen. Die Zwiebel und den Knoblauch schälen und fein hacken. Die Pilze putzen, waschen und klein schneiden. Die Petersilie waschen und fein hacken. Die Butter schmelzen, die Zwiebelwürfel glasig andünsten, die Pilze und die Petersilie dazugeben und im offenen Topf kurz dünsten, sodass die Flüssigkeit der Pilze entweichen kann. Mit Salz, Pfeffer und dem Knoblauch abschmecken. Die Dotter mit der Milch versprudeln, die Semmelwürfel und den Perlweizen gut untermischen und die Pilze zugeben. Nochmal mit Salz, Pfeffer und Muskat abschmecken und 20 Minuten ziehen lassen.

Die Eiklar mit einer Prise Salz zu schmierigem Schnee schlagen und unter die Masse heben. Aus dieser eine Rolle formen, in Frischhaltefolie einwickeln, mehrmals anstechen, die Enden verschließen und in kochendes Salzwasser einlegen.

)) Unser spezieller Tipp

Diese Perlweizen-Schwammerl-Rolle passt zu Ragoutgerichten und Speisen mit viel Soße. Aber auch als Hauptgericht mit Salat oder in Form eines Gröstls schmeckt sie ausgezeichnet.

300 g Perlweizen
600 ml Gemüsebrühe
1 Zwiebel
1 Knoblauchzehe
80 g Pilze (Champignons oder Mischpilze)
1/2 Bund Petersilie
40 g Butter
2 Dotter
80 ml Milch
70 g Semmelwürfel
2 Eiklar
1 Prise Muskat
Salz
Pfeffer

Riebel

200 g Weizen
150 g Roggen
70 g Gerste, 40 g Hafer
900 ml Gemüsebrühe
1 TL getrockneter Majoran
1/2 TL Curry
200 g Hartkäse (z. B. Emmentaler oder Bergkäse)
1 Bund Schnittlauch
60 g Butter

Den Weizen, den Roggen, die Gerste und den Hafer grob schroten. Die Gemüsebrühe aufkochen und die Schrotmischung unter Rühren einrieseln und 5 Minuten kochen lassen. Mit dem Majoran und dem Curry würzen und mindestens zwei Stunden quellen lassen. Den Käse fein reiben. Den Schnittlauch waschen und fein schneiden.

In einer Pfanne 20 g Butter erhitzen und ein Drittel der Getreidemasse hineingeben und braten. Dabei mit dem Kochlöffel dauernd zerstoßen und wenden. Den Riebel so lange braten, bis er in bohnengroße Stücke zerfallen ist. In eine Auflaufform füllen, mit einem Drittel des Käses bestreuen und im Backrohr warm stellen. Die übrige Getreidemasse auf die gleiche Weise braten. Zum Schluss den restlichen Käse und den Schnittlauch darüberstreuen und servieren.

Perlweizenpastete

100 g Perlweizen
200 ml Gemüsebrühe
70 g Schinken
1 kleine Karotte
1/2 Bund Petersilie
1 Ei
120 g Topfen
Salz und Pfeffer
1 Msp. Muskat

100 g Strudelteig

Den Perlweizen mit der Gemüsebrühe aufkochen und quellen lassen. Den Schinken fein schneiden, die Karotte waschen, putzen und fein reiben, die Petersilie waschen und fein hacken. Das Ei verquirlen und die halbe Menge für das Bestreichen des Strudels beiseite geben. Den Perlweizen, den Topfen, den Schinken, die Karotte, die Petersilie, Salz, Pfeffer, Muskat und das halbe Ei miteinander vermengen. Den Strudelteig mit dieser Masse füllen, einrollen, mit Ei bestreichen, die Oberfläche mit einer Gabel mehrmals einstechen und im vorgeheizten Backrohr bei 180 °C ca. 20 Minuten backen. Die Pastete in Schnitten schneiden.

›› Unser spezieller Tipp

Die Pastete ist eine schmackhafte Beilage zu verschiedenen Ragouts. Sie können sie aber auch mit Kräuterrahm und Salat als dekorative Vorspeise anrichten.

Pikanter Zwetschken-Semmelknödel

Die Dörrzwetschken in kleine Würfel schneiden. Die Milch aufkochen, salzen den Grieß einrieseln lassen und unter Rühren aufkochen. Die Semmelwürfel in der Butter anrösten. Die Petersilie waschen und fein hacken. Die Semmelwürfel, die Petersilie, die Eier und die Zwetschkenwürfel zur Grießmasse geben, mit Salz und Pfeffer würzen und gut durchmischen. Aus der Masse eine Rolle mit ca. 6 cm Durchmesser formen, in Frischhaltefolie einwickeln, mehrmals anstechen, die Enden verschließen und in kochendes Salzwasser einlegen. Ca. 40 Minuten köcheln lassen.

180 g Weizenvollgrieß
100 g Dörrzwetschken
250 ml Milch
2 Semmeln (in kleine Würfel geschnitten) oder 80 g Semmelwürfel
40 g Butter
1/2 Bund Petersilie
2 Eier
Salz
Pfeffer

Grießknödel

Die Milch mit Salz, Muskat und der Butter aufkochen und den Grieß einrühren, bis eine dicke Masse entsteht. Die Masse vom Herd nehmen und auskühlen lassen. Die Eier nach und nach unter die Masse rühren – die Masse soll weich sein – und abschmecken. Aus der Grießmasse mit nassen Händen ca. 15 kleine Knödel formen, in kochendes Salzwasser einlegen und 10–15 Minuten köcheln lassen.

240 g Weizengrieß
500 ml Milch
1 Prise Muskat
Salz
80 g Butter
3 Eier

Grießknödel mit Selchsuppe

250 g Weizenvollgrieß
20 g Schweineschmalz
Salz
ca. 200 ml Selchsuppe

Das Schweineschmalz zerlassen, den Grieß mit dem heißen Schmalz verrühren, salzen und mit der kochend heißen Selchsuppe vermengen, bis ein mittelfester Teig entsteht. Die Masse 15 Minuten rasten lassen, Knödel formen und in eine Mischung aus kochendem Salzwasser und Selchsuppe einlegen, 15 Minuten köcheln lassen.

» Unser spezieller Tipp

Statt Selchsuppe können Sie auch Gemüse- oder Rindsuppe verwenden.

Feine Erdäpfel-Grießknödel

250 g Weizengrieß
1 kg Erdäpfel
(mehlig kochend)
1 Semmel
50 g Butter
2 Eier
Salz

Die Erdäpfel dämpfen, schälen und noch heiß pressen. Die Semmel kleinwürfelig schneiden und in der Butter rösten. Die gepressten Erdäpfel mit den Semmelwürfeln, dem Grieß, den Eiern und Salz rasch zu einem glatten Teig kneten. Aus der Masse Knödel formen und diese in leicht kochendem Salzwasser ca. 20 Minuten ziehen lassen.

» Unser spezieller Tipp

Diese Knödel passen ausgezeichnet zu gebratener Ente.

Nuss-Topfen-nudeln

Den Topfen mit Salz, dem Ei und dem Dotter gut verrühren. Den Weizengrieß einrühren und 20 Minuten kühl stellen. Anschließend das Mehl einarbeiten und aus diesem Teig daumengroße Nudeln formen. Die Nudeln in kochendes Salzwasser einlegen und ca. 10 Minuten ziehen lassen.

Die Walnüsse fein reiben. Die Butter schmelzen, die Semmelbrösel darin hellgelb rösten, die Walnüsse zugeben und noch kurz mitrösten. Den Staubzucker und den Zimt untermischen. Die gegarten Nudeln in diesem Gemisch wenden. Vor dem Servieren mit Staubzucker bestreuen.

Nudeln
120 g Weizengrieß
250 g Topfen, 1 Ei
1 Prise Salz, 1 Dotter
120 g Weizenmehl

Nuss-Brösel
50 g Walnüsse
50 g Butter
100 g Semmelbrösel
40 g Staubzucker
1 Msp. Zimt

Hausfreunderl I

Die Eiklar zu Schnee schlagen, den Zucker einrühren, die Dotter, das Mehl, die Haselnüsse und die Rosinen untermengen. Die Masse daumendick auf ein vorbereitetes Backblech streichen und im vorgeheizten Backrohr bei 190 °C ca. 25 Minuten hellbraun backen. Nach dem Auskühlen in dünne Stücke schneiden, trocknen lassen und in Keksdosen aufbewahren.

150 g Weizenmehl
3 Eiklar
150 g Zucker
3 Dotter
150 g Haselnüsse
150 g Rosinen

》 Unser spezieller Tipp

Die Hausfreunderl lassen sich sehr gut auf Vorrat backen und aufbewahren, so dass Sie immer etwas Süßes zur Hand haben.

Rouladen-törtchen

》 Unser spezieller Tipp

Alle Kuchen- und Torten-rezepte mit Weizenmehl können Sie auch mit Dinkel-mehl zubereiten.

Biskuitmasse
5 Eier
3 EL Wasser
120 g Zucker
1 EL Vanillezucker
120 g Weizenmehl

Die Eier mit dem Wasser, dem Zucker und dem Vanillezucker sehr schaumig rühren. Das Weizenmehl vorsichtig unterziehen. Die Masse auf ein vorbereitetes Backblech streichen und im vorgeheizten Backrohr bei 200 °C ca. 10 Minuten goldgelb backen. Währenddessen die Marillenmarmelade glatt rühren und ein Backpapier in Blechgröße mit Staubzucker bestreuen. Das gebackene Biskuit auf das bezuckerte Backpapier stürzen, rasch mit der Marillenmarmelade bestreichen, sofort einrollen und auskühlen lassen.

200 g Marillen-marmelade

Die Kiwis schälen, in dünne Scheiben schneiden und ev. halbieren. Die Kompottmarillen gut abtropfen lassen und in dünne Spalten schneiden. Die Heidelbeeren waschen und trocken tupfen.

Belag
2 Kiwis
8 Kompottmarillen
150 g Heidelbeeren
2 Blatt Gelatine
125 ml Obers
Zitronenmelisse

Die Roulade in 1,5 cm dicke Scheiben schneiden und dekorativ mit dem vorbereiteten Obst belegen. Die Gelatine 10 Minuten in kaltem Wasser einweichen, anschließend ausdrücken und mit 2 EL Wasser vorsichtig erwärmen, bis sie gelöst ist. Die Marillen und die Kiwis mit der aufgelösten Gelatine bestreichen. Dadurch bleiben sie in der Farbe frisch und bekommen einen schönen Glanz. Das Obers steif schlagen und einen Tupfen auf die Törtchen spritzen. Mit einem Zitronenmelissenblatt garnieren.

》 Unser spezieller Tipp

Verändern Sie die Obstauswahl je nach Saison und persönlichen Vorlieben. Sehr gut eignen sich auch frische Erdbeeren, Johannisbeeren, Brombeeren, Himbeeren, Kompottpfirsiche, Ananas, Weintrauben und ev. auch Bananenscheiben.

Strudel mit Topfen-Marillen-Fülle

Den Topfen, den Staubzucker und den Dotter verrühren. Das Eiklar steif schlagen und unterheben. Die Marillen waschen, entsteinen und blättrig schneiden.

Den Blätterteig ca. 3 mm dick zu einem Rechteck (ca. 30 x 40 cm) ausrollen. Auf das mittlere Drittel die Fülle auftragen und darauf die Marillen verteilen. Den Teig zu einem Strudel einschlagen. Das Ei verschlagen und den Strudel damit bestreichen. Im vorgeheizten Backrohr bei 220 °C 15 Minuten bakken, dann die Hitze auf 190 °C reduzieren und weitere 20 Minuten backen.

330 g Blätterteig
150 g Topfen
50 g Staubzucker
1 Dotter
1 Eiklar
400 g Marillen
1 Ei

» Unser spezieller Tipp

Stehen keine frischen Früchte zur Verfügung, schmeckt der Strudel auch mit Kompottmarillen oder Kompottpfirsichen sehr gut.
Wenn Sie den Strudel besonders attraktiv gestalten möchten, schneiden Sie die Seitenteile vor dem Zusammenschlagen im Abstand von 2,5 cm schräg bis 3 cm vor die Fülle mit einem Teigrad ein und legen Sie diese Streifen abwechselnd übereinander.

Hausfreunderl II

300 g Weizenmehl
4 Eier
250 g Staubzucker
150 g Rosinen

Die Eier mit dem Staubzucker schaumig rühren und das Mehl und die Rosinen untermengen. Auf ein vorbereitetes Backblech ca. 1 cm hoch aufstreichen und im Backrohr bei 180 °C ca. 15 Minuten backen, bis das Gebäck goldbraun ist. Danach in schmale Streifen schneiden und servieren.

Nussgugelhupf

220 g Weizenvollmehl
200 g Walnüsse
1/2 unbehandelte Zitrone
200 g Butter
5 Dotter
250 g Rohrzucker
1 Packung Vanillezucker
5 Eiklar
1 Packung Backpulver
125 ml Milch

Die Walnüsse fein reiben. Die Zitrone heiß waschen und die Schale abreiben. Die Butter flaumig rühren, abwechselnd die Dotter und zwei Drittel des Zuckers mit dem Vanillezucker einrühren und gut schaumig rühren. Die Nüsse und die Zitronenschale untermengen. Das Eiklar zu steifem Schnee schlagen und mit dem restlichen Zucker ausschlagen. Das Weizenvollmehl mit dem Backpulver vermischen und mit der Milch und dem Schnee abwechselnd unterheben. Die Masse in eine vorbereitete Gugelhupfform füllen und im vorgeheizten Backrohr bei 175 °C ca. 70 Minuten backen.

Lebkuchenmuffins

Die Rosinen mit dem Rum vermengen und ziehen lassen. Die Zitrone heiß waschen und abreiben. Die Mandeln fein reiben. Die Butter flaumig rühren, mit den Eiern und dem Zucker schaumig rühren, den Honig, den Kakao, das Lebkuchengewürz und die Zitronenschale unterrühren. Das Mehl mit dem Backpulver und den Mandeln vermischen und mit den Rosinen und den kandierten Früchten unter den Abtrieb heben. Die Masse in kleine Muffinformen füllen und im vorgeheizten Backrohr bei 180 °C ca. 15 Minuten backen. Nach dem Backen mit Staubzucker bestreuen.

)) Unser spezieller Tipp

Servieren Sie diese Muffins in der Advent- und Weihnachtszeit als Ergänzung zum Keksteller.

160 g Weizenmehl
40 g Rosinen
2 EL Rum
1/2 unbehandelte Zitrone
40 g Mandeln
40 g Butter
2 Eier
60 g Zucker
120 g Honig
1 EL Kakao
10 g Lebkuchengewürz
1/2 Packung Backpulver
40 g kandierte Früchte

Waffeln mit Fruchtmark

Die Vanilleschote der Länge nach aufschneiden und das Mark mit einem kleinen Messer auskratzen.

Aus dem Weizenvollmehl, Salz, dem Obers, der Milch, dem Wasser, dem Honig, dem Vanillemark, dem Rum, den Eiern und den Dottern einen Teig herstellen, indem man alle Zutaten gut verrührt. Die Butter schmelzen und in den Teig einrühren. Die Masse ca. 20 Minuten rasten lassen. Die Eiklar zu Schnee schlagen und unter die Masse heben. Im Waffelautomat nach Herstellerangaben Waffeln backen.

Die Beeren waschen, verlesen, pürieren und nach Geschmack mit Honig süßen.

Waffeln
250 g Weizenvollmehl
1 Prise Salz
1/2 Vanilleschote
125 ml Obers
125 ml Milch
4 EL Wasser
1 EL Honig
2 EL Rum
2 Eier, 2 Dotter
70 g Butter
2 Eiklar

Fruchtmark
400 g Beerenobst nach Belieben
ev. 1 EL Honig

Perlweizen-Pudding

100 g Perlweizen
1 Packung Vanillezucker
1 Prise Salz
250 ml Milch
4 Blatt Gelatine
6 cl Maraschino
50 g Staubzucker
250 ml Obers

Den Perlweizen, den Vanillezucker und das Salz mit der Milch verrühren und aufkochen. Die Hitze reduzieren, 15 Minuten köcheln lassen und anschließend überkühlen lassen. Die Gelatine 10 Minuten in kaltem Wasser einweichen, ausdrücken, mit dem Maraschino vorsichtig erwärmen, bis die Gelatine gelöst ist. Die aufgelöste Gelatine mit 2 EL Perlweizenmasse vermengen und gemeinsam mit dem gesiebten Staubzucker in die restliche Perlweizenmasse rasch einrühren. Das Obers steif schlagen. Bevor der Perlweizenpudding zu stocken beginnt, das Obers unterheben. Kleine Formen mit kaltem Wasser ausspülen, den Pudding einfüllen und zum Durchkühlen einige Zeit in den Kühlschrank stellen.

Vor dem Servieren die Formen kurz in heißes Wasser tauchen und stürzen.

» Unser spezieller Tipp

Servieren Sie den Perlweizenpudding mit einer feinen Fruchtsoße. Dazu eignet sich sehr gut eine bunte Beerenmischung.

Grießflammeri mit Erdbeeren

Flammeri
30 g Weizengrieß
3 Blatt Gelatine
1/2 Vanilleschote
1/2 unbehandelte Orange
250 ml Milch
60 g Zucker
200 ml Obers

Soße
750 g Erdbeeren
30 g Zucker
100 ml Orangensaft
1/2 unbehandelte Orange
(Zesten)
3 EL Orangenlikör

Die Gelatine 10 Minuten in kaltem Wasser einweichen. Die Vanilleschote der Länge nach aufschneiden und das Mark mit einem kleinen Messer auskratzen. Die Orange heiß abspülen und die Schale abreiben. Die Milch mit dem Zucker, dem Vanillemark und der Orangenschale aufkochen, den Weizengrieß einrieseln lassen, unter ständigem Rühren ca. 3 Minuten kochen, bis die Masse leicht andickt, und auskühlen lassen. Das Obers steif schlagen. Die Gelatine ausdrücken und mit 1 EL Wasser vorsichtig erwärmen, bis sie gelöst ist. Die aufgelöste Gelatine in die kalte Grießmasse einrühren und das Obers unterheben. Die Masse in kleine Förmchen füllen und im Kühlschrank fest werden lassen.

Für die Soße währenddessen die Erdbeeren waschen, den Stielansatz entfernen und je nach Größe halbieren oder vierteln. Den Zucker in einem Topf schmelzen, den Orangensaft, die Orangenzesten und den Orangenlikör dazugeben und kochen, bis der Zucker aufgelöst ist. Die Erdbeeren dazugeben und darin kurz erwärmen.

Zum Stürzen des Grießflammeris die Förmchen kurz in heißes Wasser tauchen, damit sich das Flammeri gut aus der Form löst. Mit den Erdbeeren servieren.

Kernebrot

Die Butter schmelzen. Die Haselnüsse grob hacken. Das Joghurt mit dem Wasser verrühren, die Germ zerkleinern, dazugeben und unter Rühren auflösen. Das Weizen- und das Roggenmehl mischen und Salz, die Joghurtmischung und die Butter zugeben. Zu einem glatten Teig verarbeiten und diesen zugedeckt an einem warmen Ort 30 Minuten gehen lassen, bis sich das Volumen verdoppelt hat. Anschließend nochmals durchkneten und dabei die Haselnüsse, die Sonnenblumen- und die Kürbiskerne untermischen. Den Teig in eine vorbereitete Kastenform geben und zugedeckt 20 Minuten gehen lassen. Die Oberfläche mit einem spitzen Messer mehrmals schräg ca. einen halben Zentimeter tief einschneiden, mit dem Salzwasser bestreichen und mit den Haferflocken bestreuen. Im vorgeheizten Backrohr bei 210 °C ca. 30 Minuten backen, die Hitze danach auf 180 °C reduzieren und das Brot weitere 20 Minuten backen.

300 g Weizenmehl
200 g Roggenmehl
40 g Butter
30 g Haselnüsse
250 ml Joghurt
100 ml lauwarmes Wasser
42 g Germ
1 TL Salz
50 g Sonnenblumen- kerne
20 g Kürbiskerne

1 EL Salzwasser
2 EL Haferflocken

Gewürzbrot im Blumentopf

500 g Weizenmehl
42 g Germ
125 ml lauwarme Milch
1 Prise Zucker
2 Zwiebeln
1 Knoblauchzehe
50 g Butter
2 Eier
1/2 TL Salz
1 Prise Muskat
1 TL Anis
1/2 TL Fenchel
1 TL getrockneter Dill
1/2 TL geriebener
Rosmarin

1 TL Anis zum Bestreuen

2 Blumentöpfe aus Ton
mit 14 cm Durchmesser
Rapsöl für die Blumen-
töpfe

Das Weizenmehl in eine Schüssel geben, in der Mitte ein Grübchen formen, die Germ einbröseln, mit 3 EL lauwarmer Milch, dem Zucker und etwas Mehl verrühren und zugedeckt an einem warmen Ort 15 Minuten stehen lassen.

Die Zwiebeln und den Knoblauch schälen und fein hacken. Die weiche Butter mit den Eiern verrühren. Alle Zutaten zu einem mittelfesten glatten Teig verkneten und diesen zugedeckt gehen lassen, bis sich das Volumen verdoppelt hat. Die Blumentöpfe mit Rapsöl ausstreichen und mit dem Teig füllen, nochmals 20 Minuten gehen lassen. Mit Wasser bestreichen, mit Anis bestreuen und bei 225 °C 40 Minuten backen.

》 Unser spezieller Tipp

Man kann den Teig auch auf kleinere Blumentöpfe mit 5 cm Durchmesser verteilen und diese Gewürzbrote als Jourgebäck mit den Blumentöpfen bei Buffets dekorativ aufstellen.

Nuss-Joghurt-Brot

350 g Weizenmehl
150 g Weizenvollmehl
1 TL Salz
2 TL Backpulver
1 TL Natron
100 g Walnüsse
80 g Sonnenblumen-kerne
2 EL Rapsöl
1 TL Honig
200 ml Joghurt
300 ml Milch

1 TL Rapsöl
30 g Sonnenblumen-kerne für die Form

Die Mehle mit Salz, Backpulver, Natron, den Nüssen und den Sonnenblumenkernen vermischen. Das Rapsöl mit dem Honig, dem Joghurt und der Milch verrühren, zum Mehlgemisch geben, und alles zu einem weichen Teig verkneten. Eine große Kastenform mit Rapsöl ausstreichen und mit Sonnenblumenkernen ausstreuen. Den Teig in die vorbereitete Form füllen und im vorgeheizten Backrohr bei 200 °C 1 Stunde backen.

Kräuter-Weißbrot

Die Milch erwärmen, sodass sie lauwarm ist. Das Mehl in eine Schüssel sieben, in der Mitte ein Grübchen formen, die Germ einbröseln, mit 3 EL Milch und etwas Mehl verrühren und zugedeckt an einem warmen Ort stehen lassen, bis sich das Volumen der aufgelösten Germ verdoppelt hat. Die Kräuter waschen und klein schneiden. Die Pfefferkörner im Mörser grob zerkleinern. Alle Zutaten zu einem mittelfesten Teig verkneten, in eine vorbereitete Kastenform geben und zugedeckt an einem warmen Ort 30 Minuten gehen lassen. Die Oberfläche mehrmals mit einem Messer einschneiden. Im vorgeheizten Backrohr bei 250 °C 10 Minuten backen. Die Oberfläche mit Milch bestreichen, die Hitze auf 180 °C reduzieren und ca. 50 Minuten weiterbacken.

400 g Weizenmehl
ca. 380 ml Milch
25 g Germ
1 kleiner Zweig Rosmarin
1 Zweig Thymian
1 TL Pfefferkörner
1 TL Salz

Milch zum Bestreichen

») Unser spezieller Tipp

Wie bei den meisten Weißbrotsorten gilt auch hier: je frischer desto besser.

Topfenbrot

750 g Weizenmehl
42 g Germ
1/2 Packung Trockenhefe
250 ml Milch
50 g Butter
250 g Topfen
3 TL Salz

1 Ei zum Bestreichen

Die Germ und die Trockenhefe in 100 ml lauwarmer Milch auflösen. Die Butter schmelzen und die restliche Milch erwärmen. Das Mehl mit dem Topfen, der aufgelösten Germ, der geschmolzenen Butter, dem Salz und der Milch nach Bedarf zu einem mittelfesten, sehr glatten Teig kneten. Zugedeckt an einem warmen Ort 45 Minuten gehen lassen, bis sich das Volumen verdoppelt hat. Den Teig noch einmal kurz durchkneten, zu einem Striezel formen oder in eine vorbereitete Kastenformen füllen. Nochmals 30 Minuten gehen lassen. Das Ei verquirlen und die Oberfläche des Brotes damit bestreichen. Im vorgeheizten Backrohr bei 220 °C 30–40 Minuten backen.

Speckweckerln

200 g Roggenmehl
400 g Weizenvollmehl
1 TL Koriander
1 TL Kümmel
30 g Germ
350 ml lauwarmes Wasser
1 TL Salz
1 TL Kräutersalz
100 g durchzogener Speck (Hamburgerspeck)

Den Koriander und den Kümmel grob zerkleinern. Die Germ in 100 ml lauwarmem Wasser auflösen. Das Mehl mit aufgelöster Germ, Salz, Kräutersalz, Koriander, Kümmel und dem restlichen Wasser zu einem mittelfesten Teig verkneten. Den Teig zugedeckt an einem warmen Ort gehen lassen, bis sich das Volumen verdoppelt hat.

Den Speck kleinwürfelig schneiden. Den Teig in gleich große Stücke teilen, die Speckwürfel darauf verteilen, die Teigstücke zu Laibchen formen und dabei darauf achten, dass die Speckwürfel in der Mitte zu liegen kommen. Die Laibchen auf ein vorbereitetes Backblech geben, noch 10 Minuten gehen lassen und im vorgeheizten Backrohr bei 200 °C ca. 20 Minuten backen.

Schnelles Vollkornbrot

Das Brotgewürz grob zerkleinern. Die Germ und den Zucker in 250 ml lauwarmem Wasser auflösen und mit 3 EL Mehl verrühren. Das Mehl, die aufgelöste Germ, das Salz, die Sonnenblumenkerne, den Sesam, den Leinsamen, das Brotgewürz, die Buttermilch und das restliche Wasser zu einem glatten Teig verkneten. Den Teig in eine vorbereitete Kastenform mit 30 cm Länge füllen, ins kalte Backrohr geben und bei 210 °C 60 Minuten backen.

》 Unser spezieller Tipp
Variieren Sie die Ölsamen und Kerne nach persönlichem Geschmack.

500 g Weizenvollmehl
2 EL Brotgewürz
30 g Germ, 1 TL Zucker
450 ml lauwarmes Wasser
2 1/2 TL Salz
80 Sonnenblumenkerne
40 g Sesam
40 g Leinsamen
2 EL Buttermilch

Vollkorngebäck

Das Mehl, die Trockenhefe, das Öl, Salz und das Wasser zu einem mittelfesten Teig verkneten. Den Teig zugedeckt an einem warmen Ort 30 Minuten gehen lassen, nochmals kurz durchkneten und zu einer 3 cm dicken Platte ausrollen. Mit einem Teigrad oder einem Messer beliebige Formen ausschneiden. Diese auf ein vorbereitetes Backblech geben, mit Wasser bestreichen, mit Leinsamen bestreuen und noch 15 Minuten gehen lassen. Im vorgeheizten Backrohr bei 200 °C 20 Minuten backen.

500 g Weizenvollmehl
2 Packungen Trockenhefe
2 EL Rapsöl
2 TL Salz
250 ml lauwarmes Wasser

Leinsamen

Schnelle Stangerln

250 g Weizenmehl
250 g Weizenvollmehl
20 g Germ
250 ml Milch
60 g Butter
1/2 TL Salz

1 Ei
1 EL grobes Salz
1 TL Kümmel

Die Germ in 100 ml lauwarmer Milch auflösen. Die Butter schmelzen und die restliche Milch erwärmen. Die Mehle mit aufgelöster Germ, geschmolzenen Butter, Salz und Milch nach Bedarf zu einem mittelfesten Teig kneten.

Den Teig in 4 gleich große Stücke teilen und auf einer bemehlten Arbeitsfläche zu Scheiben mit je 25 cm Durchmesser ausrollen. Jede ausgerollte Teigscheibe in 6 Stücke schneiden (ähnlich der Teilung einer Torte), von außen nach innen zu Stangerln aufrollen und auf ein vorbereitetes Backblech geben. Das Ei verquirlen und die Stangerln damit bestreichen. Mit grobem Salz und Kümmel bestreuen. Die Stangerln noch 15 Minuten gehen lassen und danach im vorgeheizten Backrohr bei 200 °C ca. 20 Minuten backen.

Zwiebel-Kräuter-Fladen

500 g Weizenvollmehl
200 g Roggenmehl
1 Zwiebel
3 Knoblauchzehen
30 g Butter, 42 g Germ
375 ml Wasser
4 EL fein gehackte Kräuter (Thymian, Majoran, Basilikum, Rosmarin, Ysop)
1 EL Olivenöl, 2 TL Salz

1 Eidotter
2 EL Wasser
1 EL Sesam

Die Zwiebel und die Knoblauchzehen schälen, fein hacken und in der Butter anschwitzen lassen. Die Germ in 100 ml Wasser auflösen. Alle Zutaten zu einem weichen Teig verkneten. Zugedeckt an einem warmen Ort 50 Minuten stehen lassen, bis sich das Volumen verdoppelt hat. Den Teig nochmals durchkneten, zu einer Rolle formen, Stücke abstechen und zu handtellergroßen Fladen drücken. Die Fladen auf ein vorbereitetes Backblech legen. Den Dotter mit dem Wasser verrühren, die Fladen damit bestreichen und mit Sesam bestreuen. Die Fladen an einem warmen Ort 5–10 Minuten gehen lassen. Im vorgeheizten Backrohr bei 200 °C ca. 15 Minuten backen.

» Unser spezieller Tipp

Der Teig ist weich und klebrig, daher zum Ausarbeiten ausreichend Mehl verwenden.

Buttermilchgebäck

500 g Weizenvollmehl
30 g Germ
6 EL lauwarmes Wasser
1 TL Zucker
1 EL Leinsamen
1 TL Kümmel
1 TL Anis
250 ml Buttermilch
2 TL Salz

1 Dotter
2 EL Buttermilch
Sesam
Mohn
Kümmel
Leinsamen

Das Mehl in eine Schüssel geben, in der Mitte ein Grübchen formen, die Germ einbröseln, mit dem lauwarmen Wasser, dem Zucker und etwas Mehl verrühren und zugedeckt an einem warmen Ort stehen lassen, bis sich das Volumen der aufgelösten Germ verdoppelt hat. Leinsamen, Kümmel und Anis grob zerkleinern. Alle Zutaten zu einem mittelfesten Teig verkneten und zugedeckt an einem warmen Ort 45 Minuten gehen lassen.

Den Teig nochmals gut verkneten, daraus eine Rolle formen, gleich große Stücke abstechen, Weckerln nach Belieben formen, auf das vorbereitete Backblech geben und noch 10 Minuten gehen lassen. Den Dotter mit der Buttermilch verrühren, die Oberfläche damit bestreichen und mit beliebigen Kernen bestreuen. Im vorgeheizten Backrohr bei 220 °C 5 Minuten backen, die Hitze auf 200 °C reduzieren und weitere 20–25 Minuten backen.

Käse-Fladenbrot

Den Käse fein reiben. Die Mehle, die Trockenhefe und das Salz in einer Schüssel vermengen, das Wasser, das Öl und 250 g des Käses untermischen. Den Teig so lange kneten, bis er glatt und elastisch ist. Den Teig an einem warmen Ort zugedeckt gehen lassen, bis sich das Volumen verdoppelt hat. Den Teig in 6 gleich große Portionen teilen. Jedes Teigstück zu einem ovalen Fladen mit einer Dicke von ca. 0,5 cm ausrollen. Auf ein vorbereitetes Backblech legen und zugedeckt 15 Minuten gehen lassen. Die Fladen mit dem restlichen Käse bestreuen und im vorgeheizten Backrohr bei 200 °C ca. 25–30 Minuten backen.

400 g Weizenmehl
100 g Dinkelvollmehl
300 g Hartkäse
(z. B. Bergkäse)
1 Packung Trockenhefe
1 1/2 TL Salz
300 ml lauwarmes Wasser
1 EL Olivenöl

Weizenkorn-weckerln

250 g Weizenvollmehl
250 g Weizenmehl
40 g Butter
1 Packung Trockenhefe
1/2 TL Zucker
2 TL Salz
2 TL Brotgewürz
ca. 250 ml lauwarme Milch
Milch zum Bestreichen
Mohn, Sesam, Kümmel oder Leinsamen zum Bestreuen

Die Butter schmelzen. Das Weizenvollmehl mit dem Weizenmehl, der Hefe, dem Zucker, dem Salz, dem Brotgewürz, der Butter und der Milch zu einem mittelfesten Teig verkneten und an einem warmen Ort zugedeckt gehen lassen, bis sich das Volumen verdoppelt hat. Den Teig nochmals durchkneten und Gebäck nach Belieben formen. Auf ein vorbereitetes Backblech geben, ca. 15 Minuten gehen lassen, mit Milch bestreichen und mit beliebigen Körnern bestreuen. Im vorgeheizten Backrohr bei 200 °C ca. 20 Minuten bakken.

Vintschgerln

Den Anis und den Kümmel grob zerkleinern. Den Sauerteig und die Trockenhefe in 300 ml lauwarmem Wasser auflösen. Das Roggenvollmehl und das Weizenmehl mit aufgelöstem Sauerteig, Anis, Kümmel, Salz und dem restlichen Wasser zu einem mittelfesten Teig kneten. Diesen zugedeckt an einem warmen Ort 30 Minuten gehen lassen, nochmals kurz durchkneten und weitere 20 Minuten gehen lassen. Anschließend zu kleinen Laibchen formen, in Roggenvollmehl tauchen, auf ein vorbereitetes Backblech geben und 25 Minuten gehen lassen.

Im vorgeheizten Backrohr bei 230 °C 10 Minuten backen, die Hitze auf 180 °C reduzieren und weitere 25 Minuten backen.

200 g Roggenvollmehl
300 g Weizenmehl
1/2 TL Anis
1/2 TL Kümmel
15 g Sauerteig (trocken)
1 Packung Trockenhefe
375 ml lauwarmes Wasser
10 g Salz

Sprossenaufstrich

50 g Weizenkeime
1 EL Rettich- oder Senf-
sprossen
3 EL Alfalfasprossen
(= Leguminosen)
1 Tomate
1/2 Bund Petersilie
50 g Butter
Kräutersalz

Die Keime und die Sprossen gut durchspülen und abtropfen lassen. Die Tomate waschen und klein würfeln. Die Petersilie waschen und fein hacken. Die Butter flaumig rühren und die Sprossen, die Tomatenwürfel und die Petersilie untermischen. Mit Kräutersalz nach Geschmack würzen.

Sprossensalat

1 Tasse Weizensprossen
2 Tassen Sprossenmix
1/2 gelber Paprika
1/2 roter Paprika
300 g Zucchini
1 Frühlingszwiebel
2 EL Kürbiskerne
2 EL Weißweinessig
1 Prise Zucker
Kräutersalz
4 EL Olivenöl
1/2 Tasse Kresse

Die Paprika waschen, putzen und in feine Streifen schneiden und mit den Sprossen in eine Schüssel geben. Die Zucchini waschen, ev. schälen und in Stifte schneiden. Die Frühlingszwiebel putzen und fein würfeln, die Kürbiskerne grob hacken. Den Essig mit Zucker, Kräutersalz, der Frühlingszwiebel und dem Olivenöl verrühren. Das Gemüse und die Sprossen mit dieser Marinade übergießen, gut mischen und mit Kürbiskernen und Kresse anrichten.

Die Autorinnen

Dipl. Päd. Ing. Eva Maria Aufreiter
Geboren 1977 in Freistadt (OÖ).
Nach der Matura Absolvierung der Agrarpädagogischen Akademie in Wien Ober St. Veit. Seit 1999 Lehrtätigkeit an der HBLA für Land- und Ernährungs- wirtschaft in Elmberg in den Bereichen Küchenführung und Projektmanage- ment. Auch tätig als Leiterin bei Kochkursen in der Erwachsenenbildung.

Dipl.-Ing. Bernadette Baumgartner
Geboren 1966 in Grieskirchen (OÖ).
Nach Abschluss der Handelsakademie in Wels in einem Notariat beschäftigt. Ab 1991 erfolgte das Studium an der Universität für Bodenkultur in Wien (Pflanzenproduktion). Nach dem anschließenden Besuch der Agrarpädago- gischen Akademie in Wien Ober St. Veit seit 1998 an der HBLA für Land- und Ernährungswirtschaft Elmberg in Linz als Lehrkraft für Pflanzen- und Gartenbau beschäftigt.

Mag. Dr. Birgit Pauline Hauer
Geboren 1968 in Linz.
Nach der Matura Absolvierung des Lehramtsstudiums Haushalts- und Er- nährungswissenschaften sowie Geschichte und Sozialkunde an der Univer- sität Wien. Seit 1996 als Lehrerin und Trainerin in der Erwachsenenbildung im Bereich Ernährung und Küchenführung, seit 1998 an der HBLA für Land- und Ernährungswirtschaft in Elmberg tätig.

Mag. Christine Mahringer-Eder
Geboren 1961 in Streinesberg (OÖ).
Studium der Ernährungswissenschaften und Geografie in Wien.
Seit 1989 Lehrtätigkeit an der HBLA für Land- und Ernährungswirtschaft in Elmberg in den Bereichen Ernährung, Küchenführung und Geografie.

Dipl. Päd. Ing. Anna Obermayr
Geboren 1945 in Gurten (OÖ).
Nach der Matura Absolvierung der Agrarpädagogischen Akademie in Wien Ober St. Veit. Anschließend 5 Jahre Beraterin in der Landwirtschaftskammer sowie Mitarbeiterin in einem agrartechnischen Büro. Seit 1988 Lehrtätigkeit an der HBLA für Land- und Ernährungswirtschaft in Elmberg in den Berei- chen Ernährung und Küchenführung.

Vom gleichen Autorenteam ist 2008 im Leopold Stocker Verlag auch das Buch „Eingelegte Köstlichkeiten" erschienen.

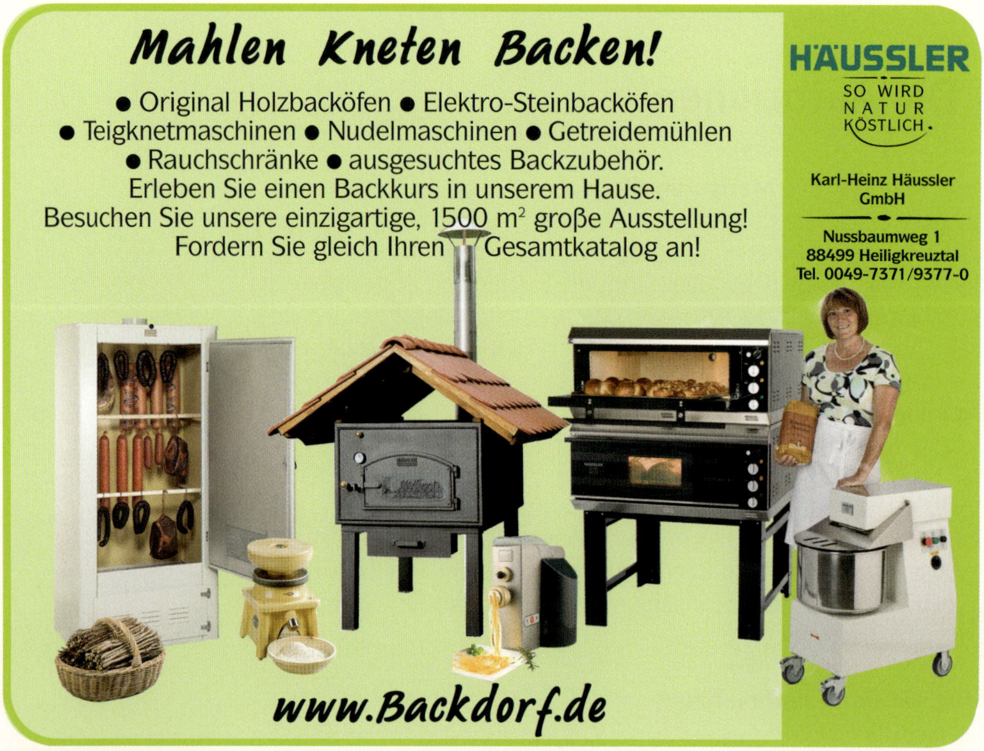
Mahlen Kneten Backen!
• Original Holzbacköfen • Elektro-Steinbacköfen
• Teigknetmaschinen • Nudelmaschinen • Getreidemühlen
• Rauchschränke • ausgesuchtes Backzubehör.
Erleben Sie einen Backkurs in unserem Hause.
Besuchen Sie unsere einzigartige, 1500 m² große Ausstellung!
Fordern Sie gleich Ihren Gesamtkatalog an!
HÄUSSLER
SO WIRD NATUR KÖSTLICH.
Karl-Heinz Häussler GmbH
Nussbaumweg 1
88499 Heiligkreuztal
Tel. 0049-7371/9377-0
www.Backdorf.de

Dam / Kramer
Praxisbuch
Brotbacken
Vom Vollkornbrot bis zum Salz- und Süßgebäck
4., erweiterte Auflage
Leopold Stocker Verlag

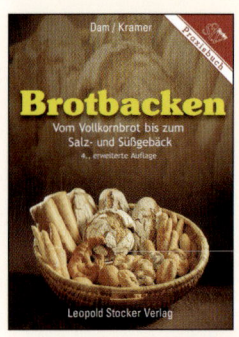

AUS UNSEREM PROGRAMM:

ISBN 978-3-7020-0875-8

Marianne Dam / Irene Kramer

BROTBACKEN

Vom Vollkornbrot bis zum Salz- und Süßgebäck

4. Auflage, *129 Seiten, durchgehend farbige Abb., 16,5 x 22 cm, Hardcover*

Immer mehr Feinschmecker wollen sich ihr Brot und Gebäck selbst backen. Hier finden Sie Anleitungen und Skizzen, wie Sie mit oder ohne Sauerteig Brot, Salz- und Süßgebäck zubereiten können. Über 120 Rezepte, bekannte, wie Haus-, Roggen-, Dinkel- oder Vollkornbrot, oder auch solche, die man kaum beim Bäcker findet, wie Kräuter-, Buttermilch-, Mais-, Zwiebel- und Käsebrot regen zum Ausprobieren an.

Aus dem Inhalt:

Ablauf des Brotbackens • Grundmengen und Tips für die Teigbereitung • Tips zum Backen in Backöfen, Herden, Back-Automaten • Rezepte mit Sauerteig und Vollmehl • Rezepte mit Spezial-Backferment (Diätbrote) • Rezepte für Brote mit Germ (Hefe) • Rezepte mit Sauerteig und Auszugsmehl • Kleingebäck (Salz- und Süßgebäck) – Teigzubereitung für das Kleingebäck – Vorschläge zur Gebäckausformung • Rezepte für Kleingebäck • Der Striezel (Zopf) – Arten des Striezelflechtens

Bestellen Sie unverbindlich und kostenlos unser Gesamtverzeichnis:
A-8011 Graz • Hofgasse 5 • Postfach 438 • Telefon (0 316) 82 16 36